네 잘못이 아니야

네 잘못이 아니야

데이트 폭력 속 관계 심리의 모든 것

김도연

👪 문예출판사

일러두기

이 책에 실린 글은 모두 실제 사례를 바탕으로 했으나 이름, 나이 등 세부 정보는 각색했습니다.

추천의 글

데이트 폭력을 이야기할 때 사람들이 피해자에게 자주 하는 말이 있다. "그러게 왜 진작 헤어지지 않았어?" "처음에 낌새가 보일 때 바로 끊어냈어야지!" 피해자를 탓하고 2차 피해마저 불러오는 이런 반응은 데이트 폭력이 발생하는 심리적 기제나 가해자의 특성을 이해하지 못해서다. 임상심리학자이자 데이트 폭력 상담 전문가인 저자는 이 책에서 데이트 폭력의 다양한 유형과 특성을 통합적으로 살펴보고 가해자의 심리적 특성을 심층 분석한다. 동시에 데이트 폭력 피해자가 겪는 복합적인 심리적 과정뿐만 아니라 피해자의 치유와 성장을 다각도로 살펴보고 있다. 입체적인 분석과 깊이 있는 통찰이 돋보이며, 데이트 폭력의 본질에 더 가까이 다가가고자 하는 사람이라면 필수적으로 읽어야 한다.

_박지선(범죄심리학자, 숙명여자대학교 사회심리학과 교수)

자기 자신에게 그리고 현재에 집중하기. 과거의 아픔이 더는 현재의 나를 괴롭힐 수 없다는, 영원한 상처는 존재하지 않는다는 사실 인지하기. 데이트 폭력의 트라우마를 치료하는 가장 중요한 방법이다. 악몽의 시간과 재경험. 무너진 자존감과 정체성, 다시는 원래의 나로 회복하지 못할 거라는 두려움. 이 모든 트라우마를 딛고 나는 실수했을 뿐 나약하지 않다는, 같은 실수를 한 이들과 소통하고 연대하며 강건한 나로 회복할 수 있다는 사실을 이 책은 가르쳐준다. 외로움과 공허함, 의존 욕구에 대한 갈망과 합리화의 함정에만 빠지지 않는다면 당신도 알게 된다. 데이트 폭력은 그저 '폭력'일 뿐이라는 것을. 내가 허락하지 않는 한 그 누구도 나를 상처입힐 수 없다는 것을. 또한 그토록 두려워했던, 절대자로 착각했던 남자 친구의 정체는, 자신보다 연약한 대상에게 자신의 열등감을 폭발하며 화풀이하는 선택적 분노 조절 장애자에 불과하다는 것을.

_박종석(정신건강의학과 전문의,《우린, 조금 지쳤다》저자)

데이트 폭력 피해자들을 상담 현장에서 자주 만난다. 이 책을 그들과 같이 읽고 싶다. "그 사람이 나를 너무 사랑해서 집착하다 보니 폭력적일 때가 있지만, 그것만 빼면 좋은 사람이에요. 그래서 헤어지기 힘들어요." 순종적이고, 존중과 배려에 허기져 있고, 애착 결핍이 있는 사람들일수록 데이트 폭력의 희생자가 될 가능성이 높다. 누구나 데이트 폭력의 희생자가 될 수 있기에, 가해자의 심리를 공부할 필요가 있다. 이 책은 피해자와 가해자의 심리를 쉽고 명확하게 보여준다. 잠재적 피해자들을 구원할 수 있겠고, 고통스럽지만 벗어나지 못하고 있는 피해자들을 구출할 수 있겠다. 심리적으로 가장 가까운 사람에게 당하는 폭력은 평생 치유하기 힘든 트라우마를 남긴다. 당신이 만약 데이트 폭력의 피해자라면, 이 책을 통해 '내 잘못이 아니'라는 것을, 폭력에서 나를 지키는 법을, 진정한 자기 사랑의 의미를 깨닫게 될 것이다.

_박상미(한국의미치료학회 부회장, 힐링캠퍼스 더공감 학장,

《마음 근육 튼튼한 내가 되는 법》 저자)

작가의 말

친밀한 관계에서 일어나는 데이트 폭력은 피해자에게 트라우마로 남아 오래도록 깊은 상처를 남깁니다. 실제로 그간 수많은 데이트 폭력 피해자를 만나왔고 지금도 함께하고 있지만 가장 안타까운 일은 피해자가 사회적 보호가 부족한 상황에서 주변의 차가운 시선까지 견디며 홀로 힘겨운 시간을 견뎌야 하는 상황입니다.

데이트 폭력을 바라보는 사회적 태도는 여전히 냉담하기만 합니다. 물론 데이트 폭력의 피해가 날로 심각해지고 이별 범죄와 스토킹에 이르기까지 그 잔혹하고 집요한 집착이 강력 사건으로 드러나 사회적 공감대를 이루고는 있으나, 여전히 사건에 대한 일시적 관심에 그치는 경우가 많습니다. 그러다 보니 피해자에 대한 공감과 이해는 여전히 부족한 게 현실입니다. 이에 피해자 스스로가 자신을 보호하기 위한 울타리를 만들어야 하고 세상의 시선과 편견에 맞서야 하는 힘겨움까지 떠안는 경우가 많습니다. 그야말로 고통이 가중되는 상황이지요.

데이트 폭력은 행동 통제, 정서 폭력, 신체 폭력, 성폭력 외에도 스토킹, 디지털 성폭력을 비롯해 그 유형이 다양한 데다 반복적이고 은밀하게 진행되기에, 쉽게 주변에 노출되지 않아 중범죄로 이어지는 경우가 많습니다. 특히 행동 통제는 데이트 초기에 흔히 나타납니다.

사랑과 관심이라는 가면 속에 감추어진 '심리적 학대'는 처음에는 보이지 않게 시작되지만, 어느 순간 피해자의 자존감을 망가뜨리고 불안과 수치감, 혼란스러움을 가중시킵니다. 피해자에 대한 가해자의 집착과 소유욕, 자기중심적 욕구는 피해자에게 신체적, 정신적 손상을 주는 심각한 폭력으로 이어집니다. 피해자는 점차 극도의 공포와 두려움을 느끼며, 삶은 피폐해지고 어느 순간 가해자의 세상에 갇히고 맙니다.

가해자는 상대방이 완전히 덫에 걸리고 나서야 가면을 벗기 때문에 폭력의 실체를 온전히 인식한 후에는 이미 헤어나기 어려운 무력감과 절망감에 놓이는 경우가 많습니다. 안타깝게도 데이트 폭력의 가해자는 대외적인 이미지와 피해자에게 보이는 모습이 극적으로 다른 경우가 많습니다. 그렇다 보니 데이트 폭력 사실이 주변에 잘 노출되지 않습니다.

데이트 폭력의 가해자는 심리적, 신체적 학대 후에 대부분 자신의 폭력을 정당화합니다. 피해자에게 폭력의 책임을 돌려 자신의 행동을 합리화하고 피해자를 가스라이팅합니다. 명백한 폭력 상황인데도 문제의 초점은 가해자에서 피해자로 옮겨가고 진실은 왜곡된 채 고통스러운 관계가 지속됩니다. 가스라이팅은 매우 교묘하게 조작되어 상대의 판단력을 흐리기 때문에 누구라도 그 상황에 놓이면 쉽게 빠져나오기가 매우 어렵습니다.

우리는 흔히 피해자에게 왜 학대 상황까지 이르게 됐는지, 왜 적극적으로 자기방어를 하지 못했는지, 왜 서둘러 관계를 끊어내지 못했는지 반문합니다. 그러나 이 모든 폭력은 명백히 가해자가 만들었고, 어떤 이유에서든 폭력은 범죄이기에 사랑이라는 이름으로 정당화될 수 없습니다.

데이트 폭력의 피해는 상당히 파괴적입니다. 사건 충격이 만든 외상은 관계에 대한 두려움과 공포를 낳고, 일과 학업을 유지하기 어려울 정도로 불안과 우울, 무기력한 상태에 빠뜨리며, 자신에 대한 부정적인 인식과 자책으로 극단적인 생각까지 하는 경우도 많습니다. 이러한 외상의 후유증은 일상 전반에 스며들어 피해자가 이전의 삶을 회복하는 데 커다란 어려움을 줍니다. 정신 건강 전문가와 함께 회복을 위한 치료를 진행하면 많은 도움이 되지만 이마저도 피해자가 홀로 선택하고 용기를 냈을 때나 가능한 일입니다.

이에 이 책에서는 데이트 폭력의 세밀한 부분까지 고스란히 담았습니다. 우리가 알아야 하는 가해자의 행동 패턴과 심리뿐만 아니라 피해자가 자신을 보호할 수 있도록 다양한 상황에서 나타나는 피해자와 가해자의 심리를 분석했습니다. 그리고 트라우마에서 자신의 삶을 지켜내고 회복 탄력성을 키울 수 있는 구체적인 방법을 함께 수록했습니다. 모쪼록 이 책을 읽는 모든 분에게 도움이 되길 소망해봅니다. 나아가 문예출판사의 열린 시선과 깨어 있는 지성에 깊은 감사를 보냅니다.

2024년 4월
김도연

차례

PART 01

어디서부터 잘못된 걸까?

PART 04

그래, 내 잘못이 아니었어

트라우마를 딛고 성장으로

어디서부터 잘못된 걸까?

데이트 폭력은 어디에나 있다

우리는 누구나 사랑에 대한 기대가 있다. 누군가에게 사랑이라는 감정을 느끼면 그 사람의 친절한 말과 행동은 평소 바라던 이상적인 연애를 하는 듯한 기분을 느끼게 한다. 인간관계에서 친밀감은 행복의 중요한 요소다. 친밀함이란 용어는 '친하고 가깝다'라는 뜻을 지닌다. 다른 누군가를 친절하게 대하는 마음이 필요하고 가까워지려면 배려와 존중이 필요하다. 그래야 우리는 상대에게 한 걸음 더 다가갈 수 있고 마음을 터놓고 의지할 수도 있다.

데이트 폭력을 흔히 '친밀한 관계'에서 일어나는 폭력이라고 한다. 이 말은 심리적으로 가까운 대상에게 폭력이라는 끔찍한 일을 겪었다는 의미다. 이는 데이트 폭력의 피해자에게는 매우 고통스럽고 충격적인 일이 아닐 수 없다. 우리는 친밀한 상대에게 폭력을 당할 거라고는 예상치 못한다. 그렇기에 데이트 폭력의 심리적 후유증은 오랜 시간 한 사람의 삶에 파고들어 부정적인 영향을 미친다. 데이트 폭력 피해자는 절망과 배신감, 공포와 두려움으로 다른 사람을 만나기 어렵고 세상 사람들에게도 불신과 불안이 싹튼다. 이전에 잘 유지하던 관계에서도 불안이 싹트고 일이나 학업을 안정적으로 유지하기도 어렵다. 특히 자책과 후회를 반복하면서 극심한 우울과 자살 생각, 불안감 속에서 지내는 경우도 많다.

감정이 생각대로만 정리가 된다면……

데이트 폭력 피해로 심리 상담을 받으러 오는 많은 이가 한결같이 하는 이야기가 있다. '왜 빨리 헤어지지 않았는지', '왜 오래도록 감정적으로 힘겨워만 하는지'에 주변 사람들이 의구심을 보인다는 것이다. 심리적인 회복은 그리 간단하고 쉬운 일이 아니다. 우리는 누구나 다른 사람의 말과 행동에 상처를 입은 경험이 있다. 사소한 일도 때로는 오래도록 마음에서 내려놓기가 쉽지 않다. 하물며 연인에게 정신적 학대와 신체적 폭력을 겪었다면 어떻겠는가. 감정이 생각대로만 잘 정리가 된다면 고통받을 일이 거의 없지 않을까. 피해자에게 가장 필요한 말은 심리적 회복이 더디지 않도록 따뜻하게 감싸주며 세상 밖으로 밀려난 피해자가 다시 울타리 안으로 들어올 수 있도록 돕는 지지와 격려다.

어린 시절부터 애착 결핍과 존중받지 못한 과거력이 있다면 자신에게 관심과 배려를 보이는 사람을 특별한 사람으로 인식하여 심리적으로 의존하는 경향을 보일 수 있다. 연인 관계에서 상대가 보이는 배려와 관심은 사랑받는 존재라는 자기 인식과 함께 긍정적인 자기상self-image에 영향을 미친다. 특히 과거의 결핍을 가진 사람에게는 배려와 관심이 커다란 보상가가 되어, 상대방이 기대와 다른 행동을 보이더라도 관대해지기 쉽다. 반면 데이트 폭력 가해자들은 병리적인 자기애와 우월감이 가득하여 과장된 자의식과 열등감을 타인에게서 채우려고 한다. 자신에게 의존할 수 있는 상대를 찾아 점차 무력하게 만들고, 오랜 시간 치유하지 못한 다른 사람과 세상에 대한 자신의 열등감을 상대방에게 보상받고 과도한 존중을 얻어내려고 한다.

데이트 폭력 가해자들은 자신에게 헌신하고 순종할 수 있는 대상을 찾는다. 상대방이 자의식 과잉과 미숙한 성격의 단면을 조언하거나 지적하면, 강한 분노와 적개심을 보이거나 과도하게 방어하며 공격적으로 행동한다. 마치 인정하고 싶지 않은 내면의 일부를 누군가가 거울로 비춰준 데 대한 강렬한 저항과도 같다. 이들의 가장 큰 문제는 내면에 자리한 근원적 문제를 이해하려 하지 않을 뿐만 아니라 자신의 미성숙한 성격 특징을 다른 사람이나 환경 탓으로 돌린다는 점이다.

이는 연인 관계에서도 여실히 드러난다. 상대방과 갈등을 해결할 때도 괜찮은 대화를 나눌 줄 모르며 자신의 욕구나 감정에만 치우쳐서 공감 어린 말이나 행동을 하지 못한다. 연인 관계가 지속될수록 착취적이고 지배적이며 충동적인 행동도 빈번해진다. 하지만 피해자는 누군가에게 알리지도, 마음을 터놓지도 못한다. 주변 사람들에게 자기 모습이 어떻게 비칠까 두렵고 주변에서 알더라도 상황이 크게 달라지지 않을 거라는 무력감이 관계를 지속하는 과정에서 쌓여왔기 때문이다. 결국 데이트 폭력 피해자들은 혼자서 폭력적인 상황을 감내하려는 경우가 많고 이는 만성적인 폭력으로 발전하게 된다.

연애 초기에는 왜 알아차리지 못할까?

데이트 폭력은 단계별로 진행되는 특징이 있다. 특히 행동 통제(상대방을 가족과 친구들에게서 고립시키거나 핸드폰, 이메일 등을 점검하고 상대방의 옷차림, 모임 등을 제한하는 행위)는 데이트 초기에 흔히 나타난다. 사랑과 관심이라는 가면 속에 감춰진 이러한 교묘한 통제는 처음에는 서서히 시작하지만, 점차 상대를 구속하는 말과 행동이 잦아지다가 결국 자신의 욕구대로 되지 않을 때 정서 폭력이나 신체 폭력으로 이어진다. 때로는 가해자의 기질과 성격에 따라 일순간에 모든 유형의 폭력이 일어나기도 한다.

데이트 폭력 가해자는 한 사람을 통제하고 지배하며 소유하고자 하는 내면의 욕구를 성급히 드러내지 않는다. 이 점이 데이트 폭력의 초기 신호를 알아채기 어려운 이유다. 연애 초기에는 집착을 보이는 행동이나 누구랑 어디서 지내는지 알고자 하는 확인 행동조차도 관심과 사랑으로 여기기에 얼마든지 일어날 수 있는 사소한 일이 된다. 그러나 데이트 폭력 가해자는 연애 초기의 기대와 설렘, 친밀함과 다정함이라는 감정 사이로 파고든다.

많은 데이트 폭력 피해자가 연애 초기에 상대방의 문제 행동을 알아차리지 못한 점을 후회한다. 그러나 이는 결코 피해자의 잘못이 아니다. 가해자는 늘 자기 행동을 그럴듯하게 포장하며 걱정이나 염려로 또는 애정과 관심으로 문제를 정당화하기에, 대개 피해자는 가해자의 행동을 남다른 사랑의 표현 방식으로 받아들이기 쉽다. 가해자는 상대방이 완전히 덫에 걸리고 나서야 가면을 벗기 때문에 폭력의 실체를 온전히 인식한 후에는 이미 헤어나기 어려운 무력감과 절망감에 놓인 경우가 많다. 자신도 모르는 새 어느 순간 가해자의 세상에 갇히고 만 것이다.

친밀한 관계가 만든 악몽

친밀한 관계, 특히 연인에게 폭력 피해를 겪은 경우, 신체적인 피해도 심각하지만 정신 건강에 미치는 악영향은 모르는 타인에게 당한 경우보다 훨씬 크다. 특히 연인 사이에서 발생하는 폭력은 한두 번으로 끝나지 않고 반복적으로 행해지며 점차 폭력의 수위도 심해진다. 피해자가 관계를 멀리하려 하거나 이별을 알리면 가해자는 자신을 무시한다고 왜곡하여 강렬한 분노를 표출하거나 어떻게든 상대방을 붙들기 위해 용서를 구한다. 그 과정에서 자신에게 문제가 있었다고 시인하지만 이는 착취적인 관계를 되돌리려는 수단일 뿐 자신의 행동에는 책임을 지지 않는다.

또한 용서를 구하는 과정에서도 진정 어린 사과보다는 상대방에게서 동정과 연민의 감정을 끌어내어 상황을 적당히 무마하려 하거나 자신에게 유리한 말로 감정적인 호소를 하며 설득하는 경우가 많다.

"내가 널 얼마나 사랑하는데 왜 그걸 몰라?"

"난 너 없이는 안 돼!"

"다신 안 그럴게. 너무 사랑해서 그랬어. 내가 지나쳤어."

"두 번 다시 안 그럴게. 이렇게까지 하는데 너무하는 거 아니야?"

"한 번만 기회를 줘. 부탁이야."

"나한텐 너 말고 아무도 없어."

"지금껏 너만큼 사랑한 사람이 없었어. 제발 내 마음을 받아줘."

가해자는 이런 말로 회유하고 조종하며 용서를 구하면서도 자신의 말과 행동에 상대방이 어떤 감정을 느꼈을지, 얼마나 심리적으로 고통스러웠을지를 헤아릴 줄 모른다. 오직 상황을 벗어나려고 피상적으로만 잘못을 전달한다. 결국 가해자는 자신의 감정만 호소하고 바람만 이야기할 뿐 상대방에게 심리적 존중을 보이지 않는다.

하지만 피해자는 연애 초기에 친밀한 이의 호소를 뿌리치기 힘들어 '이번 한 번만'이라는 마음으로 용서했다가 폭력과 용서의 굴레로 들어가는 경우가 많다. 폭력과 용서의 반복이 데이트폭력의 특징인 이유다. 용서는 관계를 회복하는 더 나은 단계가 아니라 폭력의 악순환을 시작하는 관계의 덫이 된다. 그리고 용서의 대가는 혹독하다. 상대방에 대한 기대와 희망을 가까스로 유지하던 피해자는 전보다 더 깊은 절망과 후회를 안고 지내야 하기 때문이다.

지극히 평범한, 가해자의 두 얼굴

우리에게는 폭력적인 사람의 외양이나 행동에 대한 고정된 인식이 있다. 데이트 폭력 가해자는 피해자에게 보이는 모습과 대외적으로 드러난 이미지가 극적으로 다른 경우가 많아서, 주변에서 폭력적인 가해자라는 사실을 인식하지 못한다. 데이트 폭력의 가해자는 충동성이나 공격성, 자기중심적인 특성이 강하며 대개는 성격 장애가 많다. 그런데 성격 장애를 지닌 사람은 친밀한 관계로 발전하기 전에는 내면의 고유하고 독특한 성격 특성이 겉으로 잘 드러나지 않아서 폭력적인 성향을 쉽게 파악하기가 어렵다.

실제로 심리 치료나 교정 장면에서 만난 데이트 폭력 가해자는 우리 주변에서 흔히 만날 수 있는 직장과 직업, 보통의 평범한 인상을 가진 경우가 많았다. 상당수가 겉으로 보기에는 일과 관계에서 특정한 문제를 찾기 어렵거나, 심지어 사회적 관계가 원만하고 직업적인 성취를 이룬 사례도 상당하다. 물론 일부는 외부와 단절되어 있거나 심각한 행동 문제로 청소년기부터 성인기에 이르기까지 여러 적응 곤란과 폭력적인 문제를 일으킨 내력이 있지만, 이 또한 연애 초기에는 파악하기 어렵다.

상대방이 어떤 사람인지 폭력이 일어나기 전까지는 알 수 없다 보니, 호감과 매력을 느낀 다음에는 관계를 재정립하기 어려운 경우가 생긴다. 영국에서는 이런 문제를 해결하기 위해 상대방의 전과 기록을 조회할 수 있는 '클레어법'을 시행하고 있다. 데이트 폭력의 반복성과 폭력성을 고려하면 효과적인 개입이지만 여러 쟁점 때문에 국내에서는 여전히 논의에 머물러 있다.

클레어법 Clare's Law

2009년 2월 클레어 우드Clare Wood라는 영국 여성이 전 남자 친구에게 살해당했고 며칠 후 전 남자 친구도 자살했다. 두 사람은 2007년 인터넷 연애 사이트에서 만나 사귀었는데, 이 남성은 과거 연인을 칼로 위협해 납치하고 폭행한 전과가 있었지만 클레어는 이런 사실을 전혀 몰랐다. 두 사람은 이듬해 결별했으나 헤어진 직후부터 클레어는 전 남자 친구에게 지속적인 폭행과 협박 등을 당했고, 살해되기 몇 달 전에는 전 남자 친구를 폭행과 살해 위협, 성폭행으로 경찰에 거듭 신고했다. 하지만 전 남자 친구는 잠시 구금된 후 풀려났고 결국 클레어는 살해당했다.

딸의 사망 이후 클레어의 아버지는 연인 사이에도 폭력 전과를 확인할 수 있도록 입법을 청원하는 서명 운동을 벌였다. 그 결과 2014년 가정 폭력 정보 공개 청구 제도domestic violence diclosure scheme, 일명 클레어법이 도입되었다. 클레어법은 가정 폭력이나 데이트 폭력의 잠재적 피해자 보호를 목적으로 한다. 배우자(파트너)가 상대방의 가정 폭력이나 폭력 관련 전과를 확인하기 위해 경찰에 정보를 요청할 수 있을 뿐만 아니라 당사자의 가족이나 이웃, 친구 등 제3자와 기관도 정보 공개를 신청할 수 있다.

데이트 폭력은 여성만의 문제가 아니다

데이트 폭력은 여성에게만 일어나는 일로 국한하는 경우가 많으나 남성에게도 얼마든지 일어난다. 실제로 상담실에서 만난 남성 피해자들은 가까운 주변 사람들에게 아예 이야기조차 꺼내지 못하는 경우가 많았다. 대부분 "남자가 무슨 데이트 폭력을 당해?", "이해가 안 되네. 어떻게 여자 친구한테 그런 폭언과 폭력을 당할 수 있어?" 등의 말을 듣기도 하고, 데이트 폭력의 피해를 조금만 내비쳐도 피해자에게 무슨 큰 문제가 있는 듯이 오인하는 경우가 많아 누구에게도 이해받지 못한 채 괴로워하다가 상담실을 찾는 경우가 많다.

남성 피해자들은 사회적 기대 역할 때문에 우울과 불안, 소외감과 무력감과 같은 정서를 표현하지 못하거나, 성장기에 남자다움을 학습받은 경우에는 주변에 데이트 폭력 피해 사실을 말하는 데 수치심과 두려움을 더욱 크게 느낀다.

데이트 폭력은 언제든 누구에게나 일어날 수 있다. 그러나 피해자들이 느끼는 사회의 벽은 여전히 높다. 우리 사회는 아직도 데이트 폭력을 '개인이 해결할 문제', '개인이 결단해서 벗어날 문제', '피해자가 대처를 잘못해서 생긴 문제'로 여기며 함께 해결해야 할 사회적 문제가 아니라 개인의 문제로 치부하는 경우가 많다.

데이트 폭력은 조기에 발견할수록, 주변에서 관심을 보일수록 피해에서 조금이나마 빨리 회복할 수 있다. 그러나 대개는 피해가 상당히 진행된 후에 도움을 청하거나, 데이트 폭력을 인지했지만 보복에 대한 두려움 때문에 헤어질 결심을 하지 못하거나, 심리적 통제와 지배 속에서 무기력한 상태로 관계가 유지되는 경우가 대부분이다. 그렇기에 데이트 폭력의 피해자가 되지 않기 위해서, 피해자가 되었더라도 거기에서 벗어나기 위해서는 데이트 폭력이 무엇인지, 그 심리적 기저에는 무엇이 있는지 알아야 한다. 그리고 데이트 폭력을 사회와 개인 모두 어떻게 인식하고 대처해야 하는지, 나아가 어떻게 하면 데이트 폭력의 피해에서 심리적으로 회복하고 일상에 적응할 수 있는지 알아야 한다.

관심과 집착의 시작_행동 통제

20대 후반인 지은은 1년 전 소개팅으로 지금의 남자 친구인 민수를 만났다. 민수는 잘생긴 외모에 성격도 자상해서 지은의 퇴근 시간에 맞춰서 항상 회사 앞으로 왔다. 지은은 민수가 자신을 많이 사랑한다고 생각했고 주말에도 함께하는 시간이 늘면서 그와 보내는 시간이 일상의 대부분을 차지했다.

그런데 어느 날부터 민수는 지은의 옷차림과 친구 모임에 불만과 지적을 하기 시작했다.

"너무 옷이 짧잖아."

"그 친구 맘에 안 들어. 안 만나면 좋겠어."

지은은 민수의 이런 지적을 자신에 대한 관심과 사랑이라고 생각했지만 시간이 갈수록 강도가 심해졌고 친구들을 만날 때도 눈치를 봐야 했다.

"그 친구랑은 언제부터 친했어? 너한테 너무 의존하는데."

"다른 사람 말은 들을 필요 없어. 내가 볼 때 그 친구 성격에 문제가 많은 거 같아."

민수는 지은의 가장 친한 친구의 성격이나 태도를 문제 삼았고 자신 외에는 다른 관계를 모두 차단했다. 그와 만나는 동안 지은은 점차 친구와 소원해졌고 주변의 다른 사람들과도 멀어졌다.

친밀한 관계가 형성되면 나타나는 대표적인 데이트 폭력이 행동 통제다. 지은 씨의 경우처럼 화장이나 옷차림을 제한하기도 하고 친구나 모임 등을 간섭하기도 한다. 처음에는 상대방의 애정 어린 관심이나 연인 관계에서 일어날 수 있는 흔한 일로 생각해서 대부분 문제 행동으로 인식하지 못한다. 가해자가 상대방을 걱정하고 애정의 표현이라고 느끼도록 행동하기에 다소 불편하더라도 사랑의 표현이라고 여기며 받아들인다. 특히 데이트 초기에는 서로의 안부를 묻고 하루 동안 있었던 이야기를 나누는 게 보통이고 그런 과정을 통해 서로 친밀해지고 관계도 특별해지기 때문이다.

사랑을 가장한 행동 통제의 말들

데이트 폭력 초기 단계에서는 핸드폰, 이메일, 개인 블로그 등을 점검하거나 화장, 옷차림을 제한하고 동아리나 사적 모임 활동을 못 하게 한다. 그리고 사랑을 가장한 행동 통제의 말을 쏟아내면서 가족이나 친구, 동료 등과의 관계에 간섭하고 제한하며 주변 사람들을 못 만나게 하기도 한다. 누구와 있는지 항상 확인하고 다른 이성을 만나는지 의심하며 전화나 메시지로 반복해서 위치 등을 파악한다. 상대방의 일이나 활동, 인간관계를 자신이 원하는 대로 통제하려고 한다.

아래는 행동 통제의 대표적인 말들이다.

"화장이 왜 그래? 치마 안 입으면 안 돼? 다른 사람이 널 쳐다보는 게 싫어."

"대체 왜 짧은 옷을 입고 다니는 거야? 그런 사람 도저히 이해가 안 가. 다시 가서 옷 갈아입고 와."

"좀 일찍 다니면 안 돼? 누굴 만나는 건데? 어디 가든 연락해! 집에 갈 때는 영상 통화하자."

"네가 그 친구 만나는 거 싫어. 앞으로 안 만나면 좋겠어."

"그 모임 사람들 다 이상해. 나가지 마."

"어딜 가든 사진 찍어서 보내. 날 사랑하면 증거를 보여봐."

"직장에서 다른 사람이랑 어울리지 마. 중간중간 뭘 하는지도 알려주고."

"앞으론 네 문자들 나한테도 보여줘. 나만 만나는 건지 알아야겠어."

가해자들의 행동 통제는 시간이 지날수록 피해자의 일상을 파고들면서 피해자를 옥죈다. 실제로 남자 친구의 행동 통제로 극심한 고통을 토로하며 상담을 요청한 지은 씨는 "오랜 친한 친구를 못 만나게 했어요. 그 친구가 문제가 있어 보인다면서 늘 험담했거든요. 늘 다른 사람을 만나는 걸 극도로 싫어했어요. 그래서 몇 번 몰래 친구를 만났는데 그때마다 크게 싸웠고 결국 친구와도 관계가 끊어졌죠. 제가 바보 같았어요"라고 말하며 상대방에게 휘둘린 자신의 행동을 자책했다. 상담실을 찾아온 또 다른 피해자도 "어딜 가든 사진을 찍어서 보내줘야 했어요. 연락이 오면 바로 받아야 했고, 제때 통화가 안 되면 화를 조절하지 못했어요"라고 말하며 어딜 가든 언제 연락이 올지 모른다는 생각에 불안과 초조함에 시달렸다.

친절 아래 숨겨진 통제와 집착

보통 가해자는 자신이 원하는 바를 관철하는 데 몰두하고 자기 뜻대로 상대방을 조종하면서 통제 욕구를 채워나간다. 상대방의 욕구나 감정보다는 자신에게만 초점화된 자기중심적 태도 때문에 피해자가 고통을 호소하는데도 태도를 바꾸지 않는다. 오히려 피해자의 호소를 자신을 거부하는 신호로 여겨 더욱 강도 높은 행동 통제로 상대방을 구속하려 든다. 이들의 자기애적인 성격 특성은 연인 관계를 시작할 때마다 반복하는 특징이 있다. 상대방이 중요시하는 가치를 존중하고 수용하기보다는 자신의 욕구대로 상황이 통제되지 않으면 견디지 못하는 미숙하고 유아적인 성격 특성 때문에 관계는 파국으로 흘러간다.

행동 통제는 다양한 방식으로 행해지지만 그중 가장 흔한 경우가 주변 관계에 대한 간섭이다. 누구와 있는지를 확인하는 빈도가 잦고 때로는 거의 매일 반복된다. 또한 상대방이 싫어하는데도 옷차림, 말투, 생활 습관까지 간섭하며 심지어 일과 직장 선택까지 뜻대로 하고자 한다. 특히 상대방에 대한 소유욕 때문에 다른 사람을 만나는지 늘 의심하며 수시로 어디서 무엇을 하는지 확인한다.

집착이 심해질수록 가족과 친구를 못 만나게 하거나 학교나 일을 그만두게 하며 점차 피해자를 세상에서 고립시킨다. 겉으로는 걱정과 염려의 말을 하지만 행동은 자기 욕구를 채우는 이중적인 태도를 보이기에 이들의 친절 아래에 숨겨진 통제와 집착을 잘 파악해야 한다.

"늘 저를 위한다고는 하지만 그 사람 곁에 있으면 항상 불안하고 초조했어요. 혼자서 힘들어하다가 용기를 내서 주변에 이야기했어요. 그제야 데이트 폭력을 당하고 있다는 걸 알았죠."

행동 통제에서 벗어난 한 피해자는 주변 사람들에게 자신이 겪고 있는 문제를 말하지 않았다면 데이트 폭력인지도 인지하지 못한 채 지나쳤을 거라고 했다. 행동 통제는 데이트 폭력 피해 중 70~80%를 차지한다. 이처럼 높은 비율에도 대부분 행동 통제의 구체적인 방식이 무엇인지 잘 알지 못하며 상대방의 행동이 데이트 폭력인지조차 인지하지 못하는 경우가 많다.

　데이트 폭력처럼 친밀한 관계에서 일어나는 폭력은 관계 유지 기간이 길어질수록 관계의 밀도와 상호 의존성이 높아지고, 관계 안에서 복합적인 형태로 발생하기에 행동 통제의 유형을 잘 알고 있어야 한다.

행동 통제 자가 점검 리스트

❖ 내 의사와 무관하게 내 옷차림을 제한하는가? ＿＿

❖ 내 핸드폰, 이메일, 개인 블로그나 SNS를 수시로 점검하는가? ＿＿

❖ 동아리나 모임 활동의 참여를 제한하는가? ＿＿

❖ 연락이 힘든 상황을 알렸는데도 계속 연락을 시도하는가? ＿＿

❖ 내 일정을 통제하고 간섭하려고 하는가? ＿＿

❖ 친구들과 못 만나게 하고 친구나 가족에게서 고립시키는가? ＿＿

❖ 내가 누구와 함께 있는지 항상 확인하려고 하는가? ＿＿

❖ 내가 싫다고 의사를 밝혀도 자신이 원하는 것을 강요하는가? ＿＿

❖ 내가 하는 일이 자신의 마음에 들지 않으면 그만두게 하는가? ＿＿

❖ 다른 이성을 만나는지 계속해서 의심하는가? ＿＿

눈에 보이지 않는 은밀한 학대_정서 폭력

27세인 혜수는 대학 때 선후배 사이였던 진태와 사귀면서 오랫동안 정서 폭력에 시달렸다. 진태는 동기들 사이에서 배려 있고 친절한 사람으로 통했다. 그런 그와 연인 관계가 되자 주변의 부러움도 있었고 특별한 사람이 된 듯 기분이 좋았다. 그러나 둘 사이가 깊어지자, 사소한 일에도 핀잔을 주는 일이 잦았고 진로 고민을 털어놓으면 한심한 사람인 양 취급했다.

"널 가만히 봐봐. 지금 능력으로 어딜 간다고 그래."

"너희 부모님은 널 보면 뭐라고 안 하니. 이해가 안 되네."

"왜 말귀를 못 알아들어. 이해력이 떨어지는 건지, 참……."

혜수는 그와 만나는 동안 늘 불안했고 자존감은 점차 낮아졌다. 이상적인 사람이라고 여기던 남자 친구가 자신을 가장 무력하게 만들었다. 주변에 힘든 심정을 말하면 "그럴 사람이 아닌데 뭔가 오해가 있는 거 아니야"라고 하며 오히려 그녀를 나무랐다. 누구에게도 말할 수 없게 되자 우울과 무력감이 심해져 결국 상담실을 찾았다.

*

30세인 도영은 여자 친구인 지수와 만난 지 6개월 만에 관계를 이어가야 할지 말지 심각하게 고민했다. 처음에는 세심하게 신경을 쓰는 그녀의 모습이 좋았다. 그런데 점차 사소한 말 한마디에도 민감해졌고 알 수 없는 이유로 화를 내는 정도가 심해졌다. 그때마다 도영은 무조건 사과부터 해야 했고 여러 번 거듭 사과해야 겨우 진정시킬 수 있었다. 도영이 여자 친구 지수의 기분을 신경 쓰며 모두 맞추는데도 지수는 자기의 기분이 완전히 풀리지 않는 날에는 집으로 찾아와서 밤늦도록 폭언을 가하거나 발로 차며 감정을 그대로 표출했다. 급기야 무릎을 꿇어야 화가 풀린다고 요구해서 여러 번 그 요구에 맞춰주기까지 했다.

"회사 일 때문에 힘들다고 했잖아. 근데 겨우 공감을 그것밖에 못 해? 공감 능력이 왜 그 모양이야? 성격 장애야?"

"다시 사과해! 아까 한 말 다시 하라고."

"내 기분은 엉망을 만들어놓고 편히 잠이 와? 미안하다고? 그럼 무릎 꿇고 사과해."

도영은 전화 통화나 메시지 하나에도 지수의 기분이 상할까 봐 조심해야 했고 언제 감정이 폭발할지 몰라 두려웠다. 그녀와 만나는 기간이 길어질수록 심신이 지쳐만 갔고 감정 폭력의 희생자가 된 듯 느껴졌다.

데이트 폭력은 일회성에 그치지 않고 지속하거나 반복하는 경향이 있고 폭력의 형태나 심각성도 시간이 갈수록 커진다. 우리는 흔히 데이트 폭력이라고 하면 물리적인 위력을 행사하는 신체 폭력을 떠올린다. 그러나 눈에 보이지 않는 정서 폭력은 신체 폭력만큼이나 깊은 상처로 남아서 폭력적인 관계가 끝나더라도 피해자는 정신적인 무력감 속에 지내는 경우가 많다. 정서 폭력이 시작되면 가해자는 사소한 일에도 짜증이나 화를 내며 감정적으로 행동한다. 특히 피해자가 자신을 믿고 의지할 때 서서히 그 강도를 높이며 언어적인 모욕과 비난은 시간이 흐를수록 심해진다.

내가 물러러져서일까?

정서 폭력은 피해자가 알리지 않는 이상 주변 사람들이 문제의 심각성을 알아차리기가 쉽지 않다. 신체 폭력과 같이 멍이나 상처가 드러나지 않기에 이미 심리적 학대가 상당한 수준에 이르러서야 데이트 폭력 사실을 가까운 가족이나 친구가 발견한다. 특히 피해자는 자신이 정서 폭력을 당했다는 사실을 주변에 알리는 것을 수치스러워하거나 비난받을까 봐 걱정하여 선뜻 마음속 상처를 가까운 사람에게도 꺼내놓지 못한다. 더욱이 연인으로 여기던 사람이 일순간 감정적인 행동을 보이며 폭력적으로 나올 때 극도의 불안과 공포를 느끼면서도 자신이 피해자가 되었다는 사실을 받아들이기 어려워한다. 때로는 가해자에게 직접 욕설이나 비난, 모욕과 같은 말과 행동을 멈춰달라고 요청하기도 하지만 그때마다 가해자는 감정적인 행동의 원인을 피해자에게 돌려버린다. 심지어 주변 사람들조차 가해자를 옹호하면서 폭력에 초점을 두지 않고 화해나 이해를 피해자에게 종용하는 경우도 많다 보니, 정서 폭력의 피해자는 어느 순간부터 자신의 이야기를 털어놓지 못하고 혼자 감당하게 된다.

여자 친구의 정서 폭력에 시달리다 우울과 무기력이 심해져 심리 치료를 요청한 도영 씨는 "처음에는 내가 그런 취급을 당했다는 사실을 인정할 수 없었어요. 그러나 시간이 지나면서 깨달았죠. 제 잘못이 아니라는걸요. 하지만 그때는 내가 물러터져서 이런 일이 일어났다고 생각했거든요"라고 말했다. 다른 피해자인 혜수 씨는 "여러 번 고민 끝에 주변에 데이트 폭력을 당한 사실을 얘기했어요. 그중에는 적절한 위로를 해주는 사람도 있었지만 오히려 그 사람을 두둔하는 사람도 있었어요. 괜한 얘기를 꺼냈다는 생각이 들었죠"라고 말하며 한동안 자신에게 정말 문제가 있는 것은 아닌지 의심하며 지냈다고 한다.

정서 폭력은 처음부터 공격적인 말과 행동으로 시작하지 않는다. 처음에는 상대방의 말이나 행동에 사소한 불만을 토로하지만, 어느 순간 강도가 심해져 수시로 화를 표출하고 욕설을 하며 밀치거나 물건을 집어 던지는 등의 행동 조절 문제를 보인다. 이후에는 기분이 조금만 나빠져도 기분에 따라 행동하면서 폭력의 수위를 높여간다.

마음을 죽이는 정서 폭력의 말들

정서 폭력의 가해자는 감정 조절의 문제가 심각한 경우가 많고 조절하지 못한 감정을 말이라는 비수에 실어 상대방의 가슴에 꽂는다. 가해자들은 주된 감정인 분노를 통제하지 못한 채 사소한 일에도 자신을 무시하거나 존중하지 않는다고 여기기 때문에 즉각 감정적으로 행동한다. 특히 불안정한 정서 상태를 오가는 경계성 성격을 지닌 가해자들은 상대방을 극히 이상화하다가 조금의 서운함만 느껴도 크게 실망하여 극적인 표현이나 행동을 서슴지 않는다. 감정의 기복이 심하다 보니 언어의 폭력성이 언제 행동으로 나타날지 예측하기 어렵고 대개는 연인 관계가 한 사람의 욕구 중심으로 일방적으로 흘러가기 쉽다.

아래는 정서 폭력의 대표적인 말들이다.

"넌 왜 이렇게 한심하냐?"

"제대로 할 줄 아는 게 하나도 없어."

"외모 좀 바꿔."

"멍청하기는."

"널 보면 답답해죽겠어."

"너만 보면 화가 나."

"널 보면 너희 부모가 어떤 사람인 줄 알겠다."

"그 정도면 지능에 문제가 있는 거 아니야?"

정서 폭력도 행동 통제와 마찬가지로 초기에는 친밀한 관계에서 일어날 수 있는 갈등이나 마찰로 여기기 쉽다. 우리는 흔히 상대방에게 불만이 생길 때 "다른 건 참을 수 있는데 ○○한 건 견디기 힘들어"라고 말하거나 "물론 좋은 점도 있지만 ○○한 점은 도저히 못 참겠어"라고 말한다. 관계에서 문제가 생기는 이유는 상대방의 좋은 면보다는 결점을 찾아내서 고치려고 하기 때문이다. 특히 가해자와 면담을 하다 보면 작은 습관이나 말투, 사소한 행동조차 받아들이지 못해서 일어나는 폭언과 욕설, 감정적인 행동을 자주 접하게 된다. 이들은 자신의 미성숙한 면을 인식하지 못한 채 상대방을 자신의 욕구대로, 자기 필요에 따라 바꾸려고 하는 불안전한 자아 상태에 있는 것이다.

경계성 성격을 보이는 가해자의 전형적인 특징이 과도한 집착과 소유, 극적인 감정 표현인데 피해자는 이러한 표현을 자신에 대한 특별한 감정이나 사랑 표현으로 여기는 경우가 많다. 그리고 상대방의 역동적인 감정선이 때로는 매력적으로 보여 쉽게 사랑에 빠지고 문제가 지속되는데도 벗어나지 못하는 경우가 많다. 간혹 피해자들은 가해자의 행동에 혼란스러운 반응을 보이기도 한다. "평소에는 잘해줬어요. 그런데 한번 화가 나면 참지 못해요. 심한 말을 하며 밀치거나 물건을 집어 던지죠"라고 말하며 잘 대해주었던 기억에 의존해 관계가 나아지기를 바라는 작은 희망을 놓지 못한다.

그런데 우리가 잊지 말아야 할 점은 갈등이 생겼을 때 상대방이 그 문제를 어떻게 해결하는가다. 즉, 즐겁거나 좋은 시간을 보낼 때가 아니라 갈등이 일어났을 때 감정적이고 공격적이며 충동적으로 대처한다면 그 관계는 다시 생각해봐야 한다. 모든 사람이 폭력적인 방식으로 문제를 해결하지는 않기 때문이다. 특히 사소한 일에서도 감정 조절에 실패하는 사람이라면 앞으로도 계속 폭력 행동을 보일 가능성이 매우 크다.

정서 폭력은 눈에 보이지 않는 정신적 살인이다

친밀한 관계에서 일어나는 심리적 학대는 한 개인의 인격과 존엄에 커다란 손상을 입힌다. 정서 폭력의 가장 큰 문제는 심리적 학대의 후유증에서 벗어나기까지 시간이 오래 걸린다는 점이다. 더욱이 피해자 주변에 정신적 고통을 이해하고 지지해줄 대상이 부족할 때는 세상에 홀로 남겨진 듯한 고립감과 단절감을 느낀 채 지내게 된다. 정서 폭력은 눈에 보이지 않는 정신적 살인과 같다.

데이트 폭력의 특성상 가장 신뢰할 만한 안식처가 될 줄 알았던 존재가 어느 순간 자존감을 깎아먹고, 약점을 공격하며, 인격을 산산조각 내고, 신랄한 말로 아무 가치가 없는 사람처럼 느끼게 한다. 명백한 신체 폭력은 없어도 치명적인 결과를 가져오는 심리적인 위협과 통제가 반복되면 피해자는 심리적으로 황폐해질 수밖에 없다. 특히 정서 폭력이 진행되는 동안 가해자의 무시와 비난에 익숙해지다 보면 어느새 피해자는 자신을 무능한 존재로 여기게 된다.

눈에 보이지 않는 정신적 고통은 다른 사람들에게 쉽게 드러나지 않기에 피해자가 직접 고통을 호소해야 도움을 받을 수 있다. 이는 피해자에게는 또 다른 고통이다. 때로는 피해자가 주변 사람들에게 이 사실을 알려도 충분히 이해받거나 공감받지 못할 수 있고, 설령 이야기한다고 해도 상황이 크게 달라지지 않는 경우가 많다.

따라서 정서 폭력이 일어나는 순간 폭력적인 관계가 반복되지 않도록 단호하게 대처해야 한다. 심리적인 허용치가 커질수록 폭력의 심각성도 커지기 때문이다. 정서 폭력을 가한 후에 피해자가 거리를 두거나 이별을 선언하면 대개 "다시는 안 그럴게", "너 없이는 못 살아"라고 애원하며 헤어질 수 없다고 호소한다. 심지어 "헤어지면 죽어버릴 거야"라고 위협하기도 하는데, 피해자가 가까스로 용서한 후에는 전보다 더 폭력적인 행동을 보이는 경우가 흔하다. 특히 가해자가 음주 상태이거나 만취 상태일 때는 신체 폭력으로 이어지는 경우도 많아서 피해자가 치명적인 심리적, 신체적 피해를 당하는 경우가 많다.

정서 폭력 자가 점검 리스트

❖ 욕을 하거나 심한 모욕을 한 적이 있다. _____

❖ 무시하거나 비난하는 말로 수치감을 준 적이 있다. _____

❖ 가족과 친구, 주변 사람들을 폄하하는 말을 한 적이 있다. _____

❖ 화가 나면 고함을 지르거나 위협적인 말을 한 적이 있다. _____

❖ 악의에 찬 말을 의도적으로 하며 괴롭힌 적이 있다. _____

❖ 외모나 신체, 성격이나 능력을 평가하며 조롱한 적이 있다. _____

❖ 때리려고 하거나 물건을 부수겠다고 위협한 적이 있다. _____

❖ 순종과 희생을 강요하는 말이나 행동을 한 적이 있다. _____

❖ 화가 나서 발을 세게 구르거나 문을 크게 닫은 적이 있다. _____

❖ 자존감에 손상을 주는 말로 인격을 평가 절하한 적이 있다. _____

수없이 반복되는 폭력의 굴레_신체 폭력

20세인 미란은 대학교에서 첫 남자 친구인 경태를 만났다. 자라는 동안 폭력적인 아버지에게 고통받았기에 자상하게 배려하는 경태의 행동이 무척 마음에 들었다. 하지만 사귄 지 3개월이 채 안 되었을 때, 사소한 말다툼이 있었고 경태는 미란의 팔목을 비틀고 몸을 벽으로 밀치는 등 신체 폭력을 가했다. 다음 날 용서를 구하며 다시는 안 그러겠다고 다짐하는 모습에 미란은 걱정이 앞섰지만 받아들였다. 그런데 이후에도 조금만 기분이 안 좋으면 신체 폭력을 가했고 수위도 더해갔다.

"어딜 집에 가! 아직 할 말 남았다고!"

"내 말이 안 들려. 뭐라고 말을 해봐! 응!"

"넌 맞아야 정신을 차리지! 너네 아빠가 왜 널 때렸는지 알겠다!"

경태는 길거리에서 뺨을 때리거나 집 앞에서 머리채를 잡고 으슥한 곳으로 끌고 다니기도 했다.

한번은 여행지에서 다툰 후 그가 무서워 혼자 집으로 가려는데 차를 몰고 뒤쫓아와서 미란을 들이받으려 하며 위협을 가한 적도 있었다. 몇 시간을 한적한 시골길에서 그의 폭력에 시달렸고 정신을 잃고 나서야 폭력이 끝났다. 병원에서 눈을 떠보니 그가 곁에 있었고 미란에게 건넨 첫 마디는 용서가 아닌 회유였다.

"그냥 친구들하고 놀러 갔다가 넘어져서 다쳤다고 해. 당장 병원비도 없으니까 일단 네가 내. 나중에 줄게."

"……."

"너나 나나 부모님이 알아서 좋을 거 없잖아. 그냥 넘어가자. 다음부턴 잘할게."

미란은 그와 만나는 동안 언제 폭력이 시작될지 알 수 없어 불안과 공포 속에 지내야 했다. 그런데도 평소에는 다정하게 잘해주는 모습에 여전히 관계를 끊어내지 못했다.

*

34세인 지훈은 친구의 소개로 은경을 만났다. 두 사람은 나이도 같고 취미도 여행으로 같아서 주말에 여행을 함께 다니면서 금세 가까워졌다. 조용한 성격의 지훈은 사교적인 은경이 매력적으로 보였고 자주 연락하며 챙겨주는 모습이 다정하게 느껴졌다.

그런데 어느 날부터 은경은 지훈이 전화를 금세 받지 않으면 다그치기 시작했고 회식이 있을 때는 누구랑 있는지 확인한 다음에야 안심했다. 조금이라도 대응이 늦으면 감정을 주체하지 못했고 자신의 질문에 원하는 답변을 하지 않으면 화가 나서 핸드폰을 던지거나 자취하는 지훈 집의 물건을 마구 던져 부수기도 했다.

"회식할 때도 전화 자주 하라고 했잖아! 애정이 식은 거지?"

"아니, 그게 아니고 회식인데……."

"회식하면 전화 못 해? 왜 못 하냐고!"

"이 옷 못 보던 거네. 누가 사준 거야?"

"누가 사주긴. 내가 샀지."

"니가? 웃기고 있네. 솔직히 말해. 누가 사줬어?"

은경은 이렇게 지훈을 몰아가면서 자신이 원하는 답을 얻을 때까지 다그쳤고, 그래도 원하는 답이 나오지 않으면 감정을 주체하지 못하고 폭발했다. 지훈이 은경의 행동을 말리기 위해 막아서면 더욱 화를 통제하지 못한 채 지훈의 얼굴을 할퀴거나 뺨을 때리는 일이 잦았고 결국 지훈은 은경과 헤어졌다. 하지만 헤어진 지금도 지훈의 얼굴에 난 상처는 흉터로 남아 지워지지 않았고 그 흉터를 볼 때마다 폭력적인 상황에서 무력했던 자신이 다시 떠올라 괴롭다.

*

"술에 취해 제게 발길질한 다음 날도 눈물을 보이며 미안하다고 안아줬어요."

"그가 집에 오는 날이면 칼이나 가위처럼 뾰족한 물건을 다 숨겨놔야 했어요. 지난번에 칼을 든 적도 있었거든요."

"추운 겨울에 길거리에서 자기가 사준 옷이라며 겉옷을 빼앗고 뺨을 때리고 머리채를 잡았어요. 무서워서 공포에 떨며 우는 저한테 쇼하지 말라고 하더군요."

"고함을 지르며 목을 짓눌렀어요. 머리를 벽에 부딪치면서 바닥에 쓰러졌는데 다시 일으켜 세우더니 목을 조르기 시작했어요."

"제 옷이랑 물건을 집어 던지거나 일굴과 팔에 여기저기 상처를 냈어요. 아직도 얼굴에 긁힌 상처가 선명해요."

"한번은 차에서 다투게 됐는데, 화를 주체하지 못한 채 그대로 담벼락에 차를 들이받았어요. 지금도 차만 타면 무서워요."

"주먹으로 얼굴을 여러 번 맞았어요. 통증이 심해서 병원에 입원했는데 그 사람이 찾아와서는 주변 사람들한테 제가 넘어져서 다쳤다고 말하라고 하더군요."

단 한 번의 경험으로도 벗어날 수 없는 공포

행동 통제나 정서 폭력과 달리 신체 폭력은 피해자의 신체에 직접 폭력을 가하기에 문제를 인지하기 쉽고 심각성도 크게 느낀다. 그러나 가해자의 전형적인 수법인 화해와 용서를 구하는 행동이 반복되면서 피해자는 여전히 폭력의 굴레에 놓이게 된다. 흔히 우리는 신체 폭력 이야기를 들으면 그 정도의 폭력이라면 진작 헤어졌어야 했다고 반응한다.

일반적인 폭력과 달리 친밀한 관계에서 일어나는 데이트 폭력은 서로가 심리적으로 의존하거나 돌봐주는 관계인 경우가 많고, 상대방에게 연민이나 동정을 느끼는 경우도 많아서 가해자가 용서를 구하면 관계가 다시 이어지곤 한다. 미란 씨도 경태 씨와 만나면서 불안과 공포를 느꼈지만 평소 다정한 모습 때문에 아직도 관계를 이어가고 있고, 그런 자신의 모습에 혼란과 실망을 느끼면서 괴로워하고 있다.

물론 신체 폭력이 일어나는 순간 단호하게 대처하여 주변에 알리고 관계를 정리하거나 즉각적으로 신고하여 도움을 받기도 한다. 그러나 한번 폭력에 노출되면 당시의 공포나 두려움 때문에 신고할 엄두를 내지 못하는 경우가 많고, 주변에 알리거나 신고한다고 해도 보복에 대한 두려움으로 걱정과 불안 속에서 지낸다. 게다가 가해자는 피해자의 직장, 잘 가는 장소, 주변 사람들에 대해 이미 너무나 잘 알고 있기에, 피해자는 가해자가 수시로 언제든 찾아와서 위협을 가하거나 좋지 않은 소문을 낼 수 있다는 생각에 두려워진다.

한 피해자는 "그 사람이 결국 직장에 전화를 걸어서 저에 대한 악의적인 이야기를 했어요. 다행히 전화를 받은 직원이 저를 불러 조용히 사실을 알려줘서 나쁜 소문이 퍼지지 않았어요"라고 말하며 지금도 어디선가 자신을 해하려 하고 있다는 생각에 불안이 크다고 한다. 다른 피해자는 여러 번의 폭력을 겪은 후에 이별을 고하자, 오히려 주변 사람들에게 자신이 피해자라고 소문을 내어 학교에 제대로 다닐 수가 없었다고 한다.

목을 조르던 그 눈빛을 잊을 수가 없어요

신체 폭력은 극심한 공포와 불안을 초래하는 외상적인 사건이다. 단 한 번의 경험으로도 그날의 사건에서 벗어나기 어려운 경우가 많고 악몽, 수면 장애, 과민감성, 신체화 증상 등을 동반한 고통 속에 지낼 수 있다. 이러한 외상적 사건이 반복되면 이별 후에도 일상생활에 적응해나가는 데 어려움이 지속된다. 신체 폭력은 충동성과 공격성을 통제하지 못하는 기질과 성격의 문제가 크다. 대개 가해자에게 더는 같은 상황이 일어나면 안 된다는 사실을 이해시키고 다짐을 받아도 또다시 폭력적인 행동이 반복되는 이유다. 오히려 한번 시작된 신체 폭력은 더 강도가 커지고 대담해지며 잔혹해진다.

신체 폭력의 후유증으로 입원 후 심리 치료 중인 한 피해자는 "처음에는 미안하다며 용서를 빌었어요. 한동안은 말도 행동도 조심하기에 안심하고 있었죠. 그런데 그 약속은 3개월도 못 갔어요. 밥을 먹다가 조금 다투었는데 물건을 내던지고 저를 바닥에 눕히더니 목을 졸랐어요. 그때의 그 눈빛을 잊을 수가 없어요"라고 말하며 끔찍했던 기억에서 벗어나고 싶다고 했다.

외상적 사건은 그날의 일들이 선명하게 기억에 남아 수시로 떠오르는 특징이 있다. 신체 폭력이 남긴 흔적은 마음과 몸에 오래도록 상처로 남아 한 사람의 삶 속에 머문다. 지훈 씨도 은경 씨와 헤어졌지만 얼굴에는 흉터가 남아 평생 지워지지 않을 테고, 지금도 그 흉터를 볼 때마다 힘들었던 당시가 떠올라 괴로워하고 있다.

폭력은 한 번으로 끝나지 않는다

신체 폭력은 단 한 번이라도 일어나면 언제든 폭력적인 상황으로 이어질 가능성이 크다. 한 번의 폭력이라고 해도 그럴 수 있는 일로 여기면 폭력의 허용치가 커져서 다음에는 더 높은 수준으로 피해가 커질 수 있다. 폭력적인 성향은 유전적인 요인도 크고 환경적인 영향도 작용한다. 특히 상대방의 폭력성을 아동기 성장 배경 탓으로 이해하거나 감싸주고 돌봐주면 나아질 거라고 생각하면서 덮어버리면 폭력의 심각성과 민감도가 낮아지게 된다. 상대방에게 폭력적인 성향이 있고 감정을 통제하지 못한다면 전문가의 도움을 받는 것이 바람직하다. 특히 폭력성을 줄이기 위한 심리 상담이나 치료를 권해보도록 한다.

신체적인 폭력을 가하거나 직접적인 폭력은 아니더라도 불안과 공포를 느끼게 하는 폭력적인 행동은 조절 능력의 문제이기 때문에 추후 유사한 상황에서 같은 문제가 반복될 수 있다. 대개는 충동 조절 문제나 분노 조절 장애, 성격 장애에 해당할 수 있고 폭력이 학습된 관계에서는 쉽게 문제 상황이 일어날 수 있어서 주의가 필요하다.

또한 피해자도 상대방이 폭력을 보이는데 용서와 이해를 전제로 관계를 유지하려고만 하지는 않는지 자신의 대처를 객관적으로 돌아봐야 한다. 폭력을 정당화하거나 합리화하는 가해자의 말에 동의하는 순간 폭력의 악순환이 이어진다는 점을 인식해야 한다. 특히 아동기에 폭력적인 가정이나 애정 결핍을 경험했다면, 연인 관계에서 자상한 말과 행동에 심리적으로 의존하여 상대방의 폭력을 눈감아주는 경우가 있으니 더욱 각별히 주의해야 한다.

한 데이트 폭력 피해자는 "진작에 관계를 끊지 못한 걸 후회해요. 그 사람이 잘해준 순간만 생각한 거 같아요. 시간을 되돌리고 싶고 폭력에 무기력했던 제가 싫어요"라고 말하며 모든 것을 빨리 다 잊어버리고 싶다고 했다. 가해자는 피해자의 심리적 결핍을 누구보다 잘 알고 있으면서도 상대방을 존중하기보다는 피해자가 겪은 아동기 외상을 똑같이 재현하고 있었다.

데이트 폭력은 일반적으로 단일한 하나의 형태로 나타나지 않고 행동 통제와 정서 폭력, 신체 폭력이 복합적으로 나타난다. 특히 신체 폭력이 일어나는 경우라면 더욱 그러하다. 물론 어느 날 갑자기 폭력적인 행동을 보이는 경우도 있지만, 그렇다고 해서 이러한 문제 행동이 단발성으로 끝나고 앞으로 일어나지 않는다고 보장할 수 없다. 더욱이 연인 관계라고 말할 수 있는 두 사람 사이에서 폭력적인 말과 행동이 오간다면 이는 이미 '폭력적인 관계' 속에 놓여 있다는 의미다. 그리고 가해자의 폭력을 헤아리거나 받아들이는 순간, 더 크고 심각한 외상 사건을 만날 수 있다는 점을 반드시 유념해야 한다.

신체 폭력 자가 점검 리스트

❖ 손목이나 팔을 비틀거나 세게 끌어당긴 적이 있다. ——

❖ 몸을 거칠게 벽 쪽으로 밀친 적이 있다. ——

❖ 물건을 주변에 집어 던지거나 부순 적이 있다. ——

❖ 물건을 집어 던져 몸에 상처를 입힌 적이 있다. ——

❖ 뺨을 때린 적이 있다. ——

❖ 어깨나 팔 등 몸을 움켜잡은 적이 있다. ——

❖ 도구(몽둥이, 혁대, 골프채, 야구 방망이 등)로 때린 적이 있다. ——

❖ 뜨거운 물이나 불로 몸에 화상을 입힌 적이 있다. ——

❖ 신체를 마구 때린 적이 있다. ——

❖ 목을 조른 적이 있다. ——

❖ 칼이나 가위 등의 흉기로 위협한 적이 있다. ——

❖ 칼이나 가위 등의 흉기로 상처를 준 적이 있다. ——

트라우마로 남은 몸의 기억_성폭력

25세 희영은 첫 직장에서 만난 29세 민수와 선후배 사이로 지내다가 1년 후 교제를 시작했다. 첫 직장인지라 서툰 점이 많았는데 늘 친절하게 설명해주고 격려하는 모습이 든든했다. 두 사람은 사귄 지 6개월 후 회사 근처에 있는 희영의 집에서 동거를 시작했다. 서로 의지할 수 있겠다는 기대와 달리 함께 지내면서 생활 방식이 안 맞아 자주 다투게 되었다.

갈등이 생길 때 민수는 고압적인 태도를 보였고 항상 성관계를 통해 문제를 해결하려고 했다. 희영이 거부하면 할수록 강제적인 성관계는 폭력적인 수준에 이르렀고 마치 성관계를 하고 나면 모든 게 해결되는 듯 말하곤 했다.

"왜 매번 이렇게 문제를 풀려고 해? 그때마다 너무 비참해져. 앞으론 강제적으로 성관계 안 했으면 좋겠어."

희영은 이렇게 여러 번 민수에게 말했으나 소용이 없었다.

"너도 좋았으면서 뭘 그래! 그럼 매번 화내고 싸워야만 문제가 해결돼?"

민수는 오히려 희영을 이해할 수 없다는 듯이 말하며 희영의 두려움과 수치감을 이해하려고 들지 않았다.

희영은 변하지 않는 민수를 보면서 자존감이 계속 바닥으로 떨어졌고, 결국 주변의 도움을 받아 그와 이별할 수 있었다. 하지만 이별한 후에도 여전히 강제적인 성관계의 후유증이 남았다. 몸이 기억하는 고통스러운 성폭력의 순간들은 자기혐오로 이어졌고 몇 차례의 자살 시도로 병원에 입원까지 했다. 현재는 다른 사람을 만나 안정된 관계를 유지하지만 스킨십에 대한 과민 반응을 보이며 여전히 과거의 기억에서 벗어나지 못하고 있다.

*

"집에 데려다주면서 인적이 드문 길에서 스킨십을 시도하기에 거절하자 벽으로 밀어붙이고 강제로 추행했어요."

"다투고 난 뒤에는 제 감정과는 상관없이 스킨십을 하거나 성관계를 요구했어요."

"분명히 원치 않는다고 했는데도 늘 강제적으로 성관계를 시도했어요. 거절하고 저항할수록 더욱 폭력적으로 절 대했죠."

"만난 지 얼마 만에 성폭력을 당했어요. 완강이 저항했으나 소용이 없었어요. 그는 자신의 욕구를 채우곤 아무 일도 없었다는 듯 행동하더군요."

"강압적인 성폭력과 성적 수치심을 주는 말을 계속했어요. 어느 날 부모님이 이를 알고 그에게 전화했죠. 얼마 후 저를 놔주겠다고 하면서 자유롭게 살라고 하더군요."

친밀한 사이라도 성폭행의 무자비함은 달라지지 않는다

연인 관계에서 일어난 성폭력 사건에서 피해자는 심리적 고통이 크고 좌절감과 우울, 불안과 공포, 외상 후 스트레스 장애 Post-traumatic stress disorder, PTSD로 정신 건강에 심각한 손상을 입는다. 희영 씨의 사례나 다른 여러 피해자의 말에서 알 수 있듯이, 가해자는 피해자를 말로 협박하거나 완력을 사용하거나 심지어 구타나 흉기로 위협하는 등 그 양상이 다양하다.

성폭력 동안에 일어난 강압적이고 위협적인 순간의 기억은 외상적 사건으로 남아 오랜 시간 치료가 필요한 경우가 많다. 이 경우 특정한 몸의 자세만으로도 당시의 기억이 활성화되기도 하고 주변의 누군가가 가벼운 신체 접촉이나 친밀한 스킨십을 해도 몸 감각이 과잉 반응을 보이곤 한다. 희영 씨도 병원 치료 등으로 많이 안정되었지만 아직도 스킨십에는 과민 반응을 보이고 있다. 이렇게 피해자들은 일상에서 예고 없이 당시의 상황을 재경험하면서 정신적 외상을 반복해서 당하고 있고 그 피해는 고스란히 피해자 몫이 된다.

성폭력 사건이 일어나면 피해자가 느끼는 수치심과 절망감은 상당하다. 특히 가장 보호받고 존중받아야 하는 연인 관계가 돌연 가해자와 피해자의 관계로 바뀌는 상황이 된다. 평소 작은 배려도 서슴지 않던 사람이 한순간에 다른 사람이 된 듯한 느낌을 받는다. 친밀한 관계라고 해서 성폭행 사건의 무자비함이 달라지지는 않는다. 그 순간만큼은 어떤 배려도 존중도 사라지고 욕구만이 남는다. 성폭행 장소도 다양하다. 때로는 강의실이나 공중화장실, 한적한 길거리에서 행해지기도 하고, 상대가 술에 취한 틈을 이용해서 벌어지기도 한다. 과연 이런 일이 피해자의 잘못 때문일까. 가해자처럼 미숙하고 충동적이며 공격적인 사람을 선택한 피해자의 탓일까.

피해자는 난데……, 주변의 따가운 시선과 낙인

친밀한 관계에서 일어나는 성폭력 사건은 사회적 인식도 낮을뿐더러 데이트 폭력이라고 여기지 않는 경향이 크다. 심지어 피해자가 용기를 내어 주변에 알리더라도 오히려 몸가짐이나 행동을 잘하지 못한 탓을 더하며 2차 피해를 주는 경우도 많다. 명백히 의사에 반해 일어난 강압적이고 폭력적인 상황에서 벌어진 일인데도 연인 관계라는 고정 관념 때문에 성폭력 사건에는 피해자가 설 자리가 더욱 없는 실정이다.

　실제로 성폭력 사건 후 피해 사실을 신고하며 적극적으로 자신을 돌보려 대처해도 '성폭력 피해자'에 대한 주변의 따가운 시선과 낙인에 부딪혀 고통만 가중되는 경우가 많다. 피해자가 홀로 감내해야 할 것들이 대응 과정에서 많아지다 보니 신고를 후회하기도 하고 주변과의 관계에서 상처를 입어 고립감을 느끼기도 한다. 성폭력 피해자에 대한 사회적 시선은 여전히 곱지 않다. 피해 여성이 행실을 잘못해서 일어난 일로 여기거나 뭔가 빌미를 제공해서 발생한 사건으로 치부하는 경향이 크다. 그렇다 보니 명백히 범죄 사건의 피해자인데도 소극적인 위치에서 자신의 입장을 밝히고 소명해야 하는 일이 잦다.

　실제로 데이트 도중 일어난 성폭력 사건으로 수사가 진행되는 과정에서 주변의 따가운 시선에 우울과 불안을 호소하며 심리 치료를 요청하는 경우가 많다. 한 피해자는 "분명 피해자인데도 사람들은 제가 유난스럽게 문제를 키운다고 생각해요"라고 말했다. 다른 피해자도 "그날의 일이 부끄럽고 창피해서 아무에게도 말하지 못했어요. 한번은 저항하며 소리를 지르자 어깨를 짓누르고 입을 틀어막았어요"라고 이야기하며 조금 더 일찍 가족이나 주변 사람들에게 도움을 요청하지 못한 자신을 자책했다. 또한 신고를 결심했다가도 포기하는 경우가 있는데 성폭력 피해 사실을 부끄럽게 여기거나 수치심 때문에 용기를 잃어서다.

상대방도 동의했다니까요

성폭력 사건은 가해자와 피해자의 주장이 서로 달라 그 증거를 찾는 데 어려운 경우가 생긴다. 가해자는 흔히 상호 합의로 이뤄진 성관계라고 주장하지만 피해자는 강압적인 위력에 의한 성관계라고 호소한다. 성폭력 사건의 특성상 증거가 불충분해서 결정적인 단서를 찾거나 신체적 외력이 상당한 지경에 이르지 않고서는 폭행으로 간주되기 어려운데, 이런 점이 피해자에게는 가장 큰 고통이다. 특히 연인 관계에서 일어난 성폭력 사건은 피해자가 폭력을 입증할 만한 증거가 부족하여 사건화가 되어도 가해자에 대한 처벌이 이뤄지지 않는 경우가 많다. 피해자들은 그 과정에서 크나큰 고통을 받으며 사회적 울타리 밖으로 밀려난 기분을 느낀다. 나아가 성폭력을 바라보는 남녀의 인식 차이도 성폭력 사건의 발생에 큰 영향을 미친다.

연구에 따르면 연인 사이에 일어난 성폭력 사건에서 가해자의 인지 왜곡cognitive distortion이 강압적이고 폭력적인 성관계에 영향을 미친다고 한다. 일탈적인 성적 환상으로 가학적인 행위를 자행하거나 남녀의 성에 대한 통념의 문제가 폭력으로까지 이어지는 경우가 많았다. 성폭력 사건은 사건 발생 장소가 숙박업소에서 발생하는 경우가 많고 다음으로 가해자나 피해자의 집으로 유사하게 나타난다. 이 경우 가해자는 피해자가 성관계를 암묵적으로 동의했다고 오해석하거나 심지어 기대한다고 여기는 일도 있다. 성에 대한 인지 왜곡이 클수록 상대방의 행동을 성적 행동으로 연관 짓는 경우가 많다. 특히 최근에는 미디어에서 성추행 장면을 로맨틱한 장면으로 왜곡하거나 강제적인 스킨십을 매력적인 행위로 표현하는 경우가 많아 그 심각성이 더욱 크다.

성폭력 사건은 재범률이 상당히 높다. 성폭력 가해자와 면담을 해보면 상황 회피적인 다양한 답변이 나온다. 대개는 피해자를 탓하며 "상대방이 먼저 요구했다", "상대방의 동의하에 이뤄진 일이다", "강압적이었다고 생각 안 한다", "성적 취향일 뿐이다", "상대방도 즐겼다"와 같이 자신을 옹호하기에 급급하다. 피해자의 심리적 고통이나 신체적 폭력에 준하는 괴로움을 먼저 물어보지 않는다. 가끔 피해자가 심리 치료 중에 가해자의 심경을 물어보는 경우가 있다. "그 사람도 어느 정도는 미안해하거나 죄책감을 느끼지 않을까요"라고. 하지만 아니다. 가해자는 상대방이 얼마나 고통받을지 헤아리지 않는다. 오히려 자신의 폭력을 정당화하거나 그럴듯한 구실로 합리화할 뿐이다.

지워도 지워지지 않는 디지털 성폭력

22세 미진은 동아리 모임에서 알게 된 준범과 연인 관계가 되었다. 준범은 모임의 리더로 성실하고 책임감이 강했다. 그날은 모임 후 술자리가 길어졌고 준범은 술에 취한 미진을 데려다주는 길이었다. 그는 자신의 집에서 한잔 더 하며 영화를 보자고 했고 미진은 그의 집으로 갔다.

둘만 있게 되자 준범은 스킨십을 시도했고 갑작스러운 상황에 당황한 미진은 겨우 그를 설득한 후 집에 돌아가려고 했다. 하지만 포기한 듯하던 준범은 다시 2차 시도를 하며 재차 설득했고 성관계가 이뤄졌다. 그런데 얼마 후 미진은 집 안에 있는 카메라를 발견했고 그의 컴퓨터 안에는 다른 여성의 영상도 더러 있었다.

"이게 뭐야? 빨리 지워!"

"싫어. 그냥 가지고만 있는 거야."

"그게 무슨 말이야? 동의도 없이 찍은 거잖아. 이건 불법이야. 범죄라고. 빨리 지우라니까."

"범죄? 넌 무슨 말을 그렇게 하냐? 가지고만 있을 거라니까. 이건 내 카메라고 네가 지워라 마라 할 수 있는 게 아니야."

"제발 부탁이야. 지워줘. 가지고만 있는다고 해도 난 싫어. 싫다고. 계속 안 지우면 경찰에 신고할 거야."

"뭐! 신고해봐. 바로 인터넷에 올릴 테니까."

놀란 미진에게 준범은 오히려 둘의 성관계 영상을 유포하겠다고 협박

했고 미진은 결국 준범과 관계를 끝냈다. 하지만 여전히 동아리 모임은 잘 운영되고 있고 사람들은 준범을 중심으로 활동 중이다. 미진은 준범과 헤어졌지만 어딘가에 자신의 영상이 노출되어 있지는 않은지 걱정이 되었고 동아리 사람들을 만나는 것도 점점 피하게 되었다.

*

"1년 넘게 사귄 사람이 성관계 동영상을 촬영하고 있었다는 걸 이제야 알았어요. 혹시 유포되지 않았을까 걱정돼요."

"헤어지자고 하니 성관계 영상을 제가 아는 사람들한테 보내겠다고 했어요. 겁이 나고 두려워서 망설이다가 주변에 알려 신고했어요."

"본인이 원하는 성적 욕망을 얘기하며 강제로 원치 않는 성관계를 요구했어요. 나중에야 모든 상황이 촬영됐다는 걸 알았죠."

최근에는 디지털 성폭력의 피해가 급증하고 있고 실제로 확인되지 않은 피해 사례까지 추정하면 더욱 심각성이 크다. 디지털 성폭력은 상대방의 동의 없이 신체를 촬영하거나 유포하는 행위, 유포 협박하거나 저장 및 전시하는 행위, 사이버 공간에서 성적 자율권과 인격권을 침해하는 행위를 말한다. 이별을 선언하거나 이별 후에 성관계 동영상을 유포하겠다고 협박하거나 실제로 유포하는 사례가 증가하고 있어 피해자가 겪는 공포와 두려움이 상당하다.

디지털 성폭력 피해자들은 자신의 촬영물이 유포되어 가족이나 지인, 또는 다수의 사람이 촬영물을 볼 수 있으며, 촬영물을 통해 자신을 알아볼 수 있을지 모른다는 생각에 극도의 두려움과 불안감, 수치심을 느낀다. 미진 씨처럼 영상물이 촬영되고 있는지도 모른 채 피해를 당하기도 하고, 서로 합의한 영상물이더라도 피해자를 협박하거나 구속하는 수단으로 사용하는 경우도 많다.

친밀한 관계에서 일어나는 디지털 성폭력 피해는 다른 성폭력 사건과 마찬가지로 여전히 사회적 인식이 부족하고 주변의 오해와 편견으로 심리적 피해가 더욱 가중되기도 한다. 피해자의 신체를 촬영하거나 성관계 영상을 촬영한 후, 이를 빌미로 협박하여 관계를 유지하거나 금품을 갈취하는 경우가 부쩍 늘고 있다. 때로는 이별 선고를 한 후에 피해자의 성관계 영상을 가까운 지인들에게 유포하거나 소셜 미디어에 올리기도 한다. 피해자는 영상이 무분별하게 확산되어 오래도록 그 피해에서 벗어나지 못하고 사이버상에서 아무리 지우고 지워도 또다시 올라오는 자신의 영상에 죽음과 같은 고통을 맛보며 살아간다.

가해자는 단지 성적 욕망을 채우거나 쾌락의 수단, 자기 과

시용으로 영상을 촬영하고 유포하면서도 자기 행위의 심각성이나 피해자의 심리적 고통은 알려고 하지 않는다. 이때 피해자가 느끼는 혼란감과 배신감은 상당하다. 특히 영상이 유포되면 세상이나 타인에 대한 피해 의식으로 일상이 마비되고 모든 사람이 자신을 알 것만 같은 두려움 속에서 지낸다. 피해자에게는 상당히 충격적인 사건으로 그 피해를 가늠하기가 힘들 정도다. 주변의 관심과 이해가 특히 더 필요하며 문제가 발생하면 가까운 사람들에게 알리는 것이 중요하다.

성폭력 자가 점검 리스트

❖ 내 의사에 반해 얼굴과 가슴 등 신체를 만진 적이 있다. ＿＿＿

❖ 내 기분과는 상관없이 키스를 한 적이 있다. ＿＿＿

❖ 거절했는데도 유사 성교를 강요한 적이 있다. ＿＿＿

❖ 원치 않는 방식의 성행위를 요구한 적이 있다. ＿＿＿

❖ 일방적으로 성관계를 당한 적이 있다. ＿＿＿

❖ 성관계를 위해 몸을 짓누르거나 제압을 당한 적이 있다. ＿＿＿

❖ 내가 원하지 않는데도 스킨십을 가한 적이 있다. ＿＿＿

❖ 강압적으로 사진이나 영상 촬영을 요구한 적이 있다. ＿＿＿

사랑이라는 이름으로 포장된 덫_가스라이팅

평소 내향적이고 소심한 성격이던 진태는 여자 친구인 자영을 만나고 나서 작은 일도 자영과 의논하며 도움을 받았다. 자영은 주도적이고 독립적이었고 자기 확신에 찬 말을 자주 해서 그런 모습이 매력적으로 다가왔다. 자영은 수강 신청부터 어떤 친구를 만나고 걸러야 하는지까지 알려줬고 점차 모든 생활이 그녀에게 맞춰졌다. 급기야 자영은 진태가 가족의 생일에 가는 것도 문제 삼았고 가족과 거리를 두라고 종용했다.

"너네 가족은 널 너무 구속하는 거 같아. 내가 볼 때 문제가 많아."

"가만히 보면 너네 부모님은 간섭이 너무 많아. 힘들지?"

"가족한테 너무 휘둘려 사는 거 아니야? 거리를 좀 둬."

"나 없으면 너 어쩔 뻔했어? 평생 가족들한테 이리저리 끌려다녔을걸."

"네가 제대로 생활하려면 내가 있어야 한다니까."

"내가 결정 잘못한 거 봤어? 내 결정에 실수는 없어."

진태는 자영의 계속된 이런 말에 정말 자신의 가족과 부모님에게 문제가 있는 것처럼 느껴졌고, 자영의 말을 따르기 시작했다. 그리고 그녀의 말을 따르는 순간부터 가족과도 멀어져갔고 어머니의 얘기라면 듣지 않거나 거부했다. 어머니가 여러 번 자영과 관계를 정리하기를 바랐지만 그럴수록 자영은 진태의 가족을 정신적인 문제가 많은 사람들로 치부하며 자신 곁에만 있게 했다. 하지만 2년 후 자영과 연인 관계가 끝났고, 그때야 주변을 돌아보니 진태 곁에는 가까운 사람이 아무도 남아 있지 않았다.

*

30세 동갑인 태경과 혜린은 사내 커플이다. 태경은 다른 사람과 잘 어울리지 못하는 혜린에게 먼저 다가와 말을 걸어주었고 친하게 대하며 회사 일의 고충을 들어주었다. 연인이 되면 완벽한 커플이 될 거라고 기대했으나 사귄 지 얼마 지나지 않아 그는 혜린의 작은 실수에도 핀잔을 주며 나무랐고 다른 여자 직원과 자주 어울리기 시작했다. 혜린이 신경이 쓰인다며 속마음을 털어놓았으나, 오히려 의심병이 있다며 무안을 주었다. 이후로도 그는 다른 여자 직원과 차를 마시거나 저녁을 먹는 사진을 올렸고 같은 부서여서 퇴근 후에 일 얘기를 하느라 그런 것뿐이라며 혜린을 정신적으로 문제가 있는 사람으로 몰아갔다.

결국 지친 혜린은 그와 헤어졌지만 이별 후에도 고통은 계속됐다. 태경이 회사 사람들에게 자신이 혜린 때문에 정신적으로 힘들었다고 말하고 다녔기 때문이다. 혜린과 친하게 지내던 다른 동료도 그녀에게 상담을 받아보라고 권하며 직장 생활에 문제가 많은 사람으로 취급했다.

"태경 선배가 많이 힘들어하던데……. 너도 그러면 직장 생활 오래하기 힘들어."

"평소에 태경 선배 봐봐. 네가 너무 예민한 거야."

혜린은 그와 이별했지만 이별 후에도 계속되는 주변의 반응에 결국 회사를 그만두고 이직했다.

교묘하게 파고드는 심리 지배

가스라이팅gaslighting은 상황을 조작해서 상대가 자신을 믿지 못하게 만드는 일종의 심리적 지배를 말한다. 가스라이팅이라는 용어는 〈가스등〉이라는 연극에서 유래했는데, 1944년 잉그리드 버그만이 주연한 동명의 영화를 통해 더욱 알려졌다. 영화 속에서 남편 그레고리는 아내 폴라의 유산을 빼앗기 위해 교묘히 상황을 조작해가며 폴라 스스로 자신이 정신적으로 미쳐가고 있다고 믿게 만든다. 영화 속 그레고리처럼 '가스라이터'들은 상황을 자신에게 유리하게 만들어가며 상대방이 자신을 믿고 따르게 한다.

가스라이팅의 가장 큰 피해는 평소 신뢰하던 관계에서 심리적 지배가 시작된다는 데 있다. 가스라이터들은 병리적인 자기애 상태에 빠져 소유하고 통제할 수 있는 대상을 찾는 순간 교묘하게 지배적인 관계를 형성해나간다. 이들은 진태 씨와 혜린 씨처럼 소극적인 성격이거나 인간관계와 사회생활에서 어려움을 겪는 사람들의 심리 상태를 잘 포착하여 자신에게 의존하게 만든 후 이를 교묘하게 이용한다. 겉으로는 상대방을 위하는 듯 행동하지만 관계가 깊어질수록 상대방의 욕구는 무시한다. 이들에게 상대방은 자기애적 욕구의 부속물일 뿐이다.

가스라이팅 피해를 호소한 한 내담자는 "그 사람처럼 저를 좋아해주는 사람은 없었어요. 연애 초기에는 정말 잘해줬어요. 그런데 시간이 갈수록 저는 사라지고 그만 남은 느낌이었어요"라고 말하며 자신의 삶을 이전으로 되돌려놓고 싶다고 했다. 다른 내담자는 자신에게 조언을 잘해주고 갈등을 해결해주는 면이 있어 처음에 도움을 받으며 의지했다고 한다. 그런데 시간이 흐를수록 그가 아니면 어떤 결정도 할 수 없는 무기력함을 느꼈고 자신의 선택에 확신이 들지 않았다. 가해자는 늘 "넌 내가 있어야 돼"라고 말하며 자신이 얼마나 중요한 존재인지를 강조했고 연인 관계가 지속될수록 모든 결정에 그의 허락이 필요했다. 그리고 그녀는 점점 더 나약해져갔다.

가스라이터는 성장이 멈춘 나무와 같다

가스라이터는 공감 능력이 부족하고 소유를 통한 교감에만 몰두하는 경향이 크다. 이들은 자신이 원하는 바를 상대가 들어주지 않을 때는 분노를 표출하며 저항하지만 상대방의 욕구에는 관심을 기울이지 않는다. 그런데도 가스라이팅을 당하고 있다는 사실을 인지하기 어려운 이유는 이들의 말과 행동이 항상 나쁜 것은 아니기 때문이다.

가스라이터는 평소에는 다정한 말과 행동으로 보통의 연인과 다를 바 없이 행동한다. 특히 상대방의 외로움과 슬픔, 상처를 파고들어 마치 자신이 가장 잘 이해하고 공감하는 사람처럼 행동한다. 또한 평소 자신의 행동을 과장하며 상대방이 심리적으로든 사회적으로든 자기 덕에 이득을 얻고 있는 것처럼 포장하곤 한다. 그래서 가스라이팅이 반복되는 동안 피해자는 점차 자신을 무능하게 여기거나 나약한 존재로 느끼고, 지배와 의존의 관계가 더욱 견고해진다.

다음은 가스라이팅의 일반적인 말들이다.

"널 받아줄 사람은 나뿐이야."

"너는 나 아니면 안 돼."

"넌 너무 예민해."

"누구라도 널 힘들어할걸."

"누가 이렇게 신경을 써주겠어? 그러니 나한테 잘해."

"널 가장 이해해주는 사람은 나밖에 없어."

"네가 잘했으면 이렇게 화내지 않잖아."

"나는 그런 말 한 적 없어. 너 혼자 착각하는 거겠지."

가스라이터들은 상대방을 위한다고 주장하지만 정작 이들 곁에 있는 동안 피해자들에게는 요구와 통제가 만들어낸 심리적 고통만이 남는다. 누군가와 가까워질수록 주변 관계가 멀어지거나, 자존감이 낮아지거나, 심리적으로 위축되고 불안이 커진다면 그 사람의 친절 아래에 숨겨진 자기중심적 욕구를 잘 살펴봐야 한다.

심리학자 하인즈 코허트Heinz Kohurt는 가스라이터들을 결정적 시점에 물과 햇빛이 너무 부족해서 성장을 멈춘 나무와 같다고 묘사했다. 그래서 공감 능력도 부족하고 소유에 의미를 두고 집착한다. 이들의 학대와 착취적 관계를 이해하기 위해 시간을 소모하거나 관계를 회복하기 위해 애쓰기보다는 자신을 되찾기 위한 현실적인 방법을 찾는 것이 중요하다.

가스라이터의 대리인, 플라잉 몽키

연인 관계에서 가스라이팅이 진행되는 동안 피해자는 심리적인 의존과 이별이라는 양가 감정 상태에 놓이는 경우가 있다. 이때 가스라이터는 주변의 대리인을 통해 피해자의 마음을 조종하며 관계에서 벗어나지 못하도록 통제하는데, 대리인의 역할을 하는 사람을 '플라잉 몽키flying monkey'라고 한다. 이 용어는 1939년 영화 〈오즈의 마법사〉에 나오는 사악한 마녀가 날개 달린 원숭이를 이용하여 상대방을 괴롭히는 이야기에서 유래했다.

플라잉 몽키는 주변의 가까운 사람인 경우가 많다. 이들은 피해자에게 다가와 가스라이터에게 기회를 더 주어야 한다고 말하며 죄책감이나 동정심을 자극한다.

"그 사람이 진심으로 한 말은 아니겠지. 사실 너도 예민한 면이 있잖아."

"그 사람이 많이 화가 난 거 같더라. 근데 너희 두 사람 잘 어울렸는데…… 한 번만 더 용서를 해줘."

이렇게 플라잉 몽키는 피해자를 설득하며 정신적 혼란을 준다. 이들은 선한 중재자처럼 보이지만 가만히 보면 가스라이터의 입장에 선 대리인인 경우가 많다.

가스라이팅 자가 점검 리스트

❖ 상대방의 뜻대로 자주 맞추게 된다. ―――

❖ 상대방의 행동을 주변 사람들이 자주 걱정한다. ―――

❖ 상대방이 윽박지를까 봐 두려워 거짓말을 하게 된다. ―――

❖ 상대방을 알고 난 후 자신감이 없어지고 무기력해진다. ―――

❖ 상대방에게 다른 의견을 말하면 무시당하거나 비난받는다. ―――

❖ 상대방에게서 점차 나 자신을 자주 방어하게 된다. ―――

❖ 상대방과 함께 있으면 위축되거나 자주 눈치를 본다. ―――

❖ 상대방과 함께일 때 내 감정을 자주 참게 된다. ―――

❖ 상대방에게 미안하다는 말을 자주 하게 된다. ―――

나를 따라다니는 그림자_스토킹

23세인 은경은 프랜차이즈 매장에서 아르바이트를 한다. 그런데 매일 출근길이 두렵고 언제 어디서 1년 전에 헤어진 남자 친구가 불쑥 나타날지 몰라 불안하기만 하다. 매장에 출근하면 얼마 후 전 남자 친구가 어김없이 찾아와 일하는 모습을 지켜봤다. 여러 사람 속에 앉아서 은경을 바라보는 그의 시선 때문에 업무에 집중하기 어려웠고 급기야 과호흡 증상까지 나타났다. 그런 그녀의 사정을 안 동료들이 주방에서 일할 수 있도록 배려했지만 일이 끝나면 뒤를 따라오거나 집 근처에서 기다리다가 말을 걸어와서 집에 가는 길이 무섭기만 하다.

*

32세인 승환은 헤어진 여자 친구의 집요한 연락으로 업무를 제대로 하지 못할 정도다. 하루에도 수십 통의 연락을 가하거나 문자 메시지로 폭언을 일삼았으며 그런 행동 때문에 전화가 울리면 놀라서 심장이 두근거릴 지경이었다. 불면증과 불안증으로 약을 처방받아 먹고 있지만 증상은 사라지지 않았고 계속된 연락으로 전화번호도 여러 번 바꾸었으나 그때마다 다시 전화가 걸려왔다. 급기야 직장에 전화를 걸어 승환의 인성을 문제 삼으며 거짓 폭로를 하여 회사에서도 일하기가 여간 곤혹스러운 게 아니었다. 경찰에 신고해서 겨우 상황이 진정되었지만 언제 다시 같은 행동을 할지 몰라 여전히 두려움이 크다.

최근 은경 씨와 승환 씨처럼 이별 후 겪는 스토킹 문제로 정신적인 피해가 커서 불면증과 대인 기피증, 불안증으로 상담실을 찾는 사례가 늘고 있다. 스토킹 초기에는 일시적인 행동으로 여기는 경우가 많지만 심하게는 수년에 걸쳐 그 피해가 지속되기도 한다.

연인 관계에서 일어나는 스토킹은 대개 헤어지자는 상대방의 이별 통보 후에 보복성으로 따라다니며 괴롭히는 경우가 있고, 두 사람이 이별한 후에도 상대방에 대한 집착을 버리지 못해서 곁을 맴돌기도 한다. 가해자는 이별 후에도 이를 받아들이지 못해 여러 번 상대방에게 매달리거나 회유하며 관계를 되돌리고자 시도하곤 한다. 그러나 뜻대로 되지 않으면 집착과 소유의 욕구를 통제하지 못한 채 끝없이 피해자의 곁을 맴돌면서 자신의 존재를 각인시키며 상대를 괴롭힌다.

버림받고 무시당했다는 왜곡

스토킹 가해자는 보통 교제 중에도 지속적인 위치 추적과 감시로 상대방을 곤혹스럽게 한다. 상대방의 일상을 확인하며 매사 통제하고 간섭하려 들기에 피해자는 한시도 마음이 편할 날이 없다. 심지어 둘의 관계가 끝난 후에도 이러한 행동을 멈추지 않고 지속하여 스토킹 피해자는 가해자가 보내는 끊임없는 시선에 공포와 불안한 나날을 보내게 된다. 길을 가다가도 수시로 주변을 확인하고 집을 나서는 일도 자유롭지 못하다.

이들은 이별의 원인을 모두 상대방에게 돌린 채 자신이 버림을 받았거나 거부당했다는 왜곡된 신념 속에서 분노와 적개심을 키워나간다. 결국에는 상대방에 대한 감정을 통제하지 못한 채 이별 후에도 편집적으로 일상을 관찰하면서 피해자의 두려움을 즐기고 피해자의 고통을 보면서 만족을 느낀다.

스토킹이 지속될수록 피해자는 언제 어디서든 가해자의 감시망 속에 있다는 생각과 모든 일상이 노출되어 있다는 극심한 불안 속에 지낸다. 그야말로 모든 순간이 상대방의 감시 속에 있기에 어떤 일도 편히 할 수 없고 누굴 만나는 일도 자유롭지 못해 일상이 마비되어버린다. 설령 매 순간 가해자의 추적 속에 있지 않을지라도 누군가 자신을 지켜보고 있다는 사실만으로도 충분히 정신적 피해가 심각하며 사회생활을 유지하는 데도 어려움이 따를 수밖에 없다.

안전 이별은 없는 걸까?

스토킹에 대한 인식이 낮던 과거에는 "널 너무 좋아해서 못 잊나 봐", "그렇게 좋다는 데 만나주지", "열 번 찍어 안 넘어가는 나무 없다는데" 등의 말을 하면서 괴로워하는 피해자에게 공감하지 못했다. 하지만 정신적, 신체적 폭력뿐만 아니라 생명까지 잔인하게 앗아가는 스토킹 사건이 뉴스를 장식하면서 사람들도 그 심각성을 인지하기 시작했다.

최근 심각한 데이트 폭력 중 하나가 이별 후에도 지속되는 스토킹 피해다. 스토킹은 그 기간이 길든 짧든 피해자에게 폭력에서 벗어날 수 없다는 상당한 심리적 압박감을 주며 피해자는 대인 기피를 비롯한 여러 정신적 고통을 겪을 수밖에 없다. 실제로 대개의 피해자가 이별 범죄에 두려움을 호소한다. 데이트 폭력은 한 차례 일어난 일일지라도 피해자에게는 정신적인 충격이 크고 오랜 시간 심리 치료가 필요할 때가 많다.

가해자 면담을 해보면 "때린 건 딱 한 번뿐이었어요"라며 폭력을 대수롭지 않게 여기는 경우를 종종 본다. 하지만 외상적인 충격은 빈도가 중요하지 않다. 일회성이더라도 피해자에게는 오래도록 상처로 남는다. 그런데도 자기중심적이고 폭력적인 이들에게 이별은 단지 상대방이 자신을 무시하거나 거부한 사건일 뿐이다.

가해자는 폭력적인 관계에 대한 인식이나 상대가 겪을 고통을 이해하기보다는 이별 통보를 한 피해자에게 악감정을 품은 채 가해 행동을 계속 이어나간다. 바로 이 점이 데이트 폭력 피해자들이 이별 범죄를 두려워하는 이유 중 하나다. 그간 가해자가 보인 폭력적인 행동을 보면 이별 후에도 관계가 쉽게 정리되지 않을 수 있고 보복을 당할지도 모른다는 걱정을 지울 수 없기 때문이다.

헤어진 연인이 가해자의 절반 넘어

스토킹은 피해자의 사생활과 자율성에 대한 심각한 침해로서 신체적 위해가 없더라도 피해자의 안전에 위협을 주는 행위며, 피해자들의 삶에 장기적으로 부정적인 영향을 미친다. 스토킹 행위의 두려움 중 가장 큰 것은 안전에 대한 위협이다. 이별 후에도 피해자를 따라다니거나 감시하거나 관찰하며 협박하거나 재결합을 요구하거나, 때로는 부모나 친구를 스토킹하며 피해자를 심리적으로 압박하기도 한다. 피해자의 주변 사람들을 괴롭히면 결국 자신의 요구대로 상황이 바뀔 거라고 믿기 때문이다. 실제로 한 피해자는 가해자가 친구를 따라다니며 그 모습을 사진으로 찍어 보내거나, 자신을 만나주지 않으면 친구에게 해를 가하겠다고 협박해서 결국 다시 만났다고 한다.

스토킹 피해는 일방적이고 지속적이라는 데 그 심각성이 크다. 대부분 아는 사람이 시작하고 전 연인이 가해자인 경우가 스토킹 범죄의 절반 이상을 차지한다. 스토킹의 심리적 피해를 살펴보면, 가장 큰 문제는 공포와 두려움이고 다음으로 불안, 우울 및 무기력, 모욕 및 굴욕감, 자존감 상실과 수치심 등 심리적 문제가 복합적으로 나타난다.

스토킹은 신체적 폭력의 피해 못지않게 공포와 두려움 등 정신적 피해가 심각해서 다시 교제하거나 대인 관계를 맺는 일이 쉽지 않기에 적극적인 상담 치료가 필요하다. 하지만 대부분 피해자는 폭력이 더 심해질까 봐 참는 경우가 많고 이는 다시 더 큰 강력 범죄로 이어질 수 있어 조기에 강경한 대응이 필요하다.

2차 피해를 주는 주변 사람들

33세인 희진은 남자 친구의 데이트 폭력으로 이별을 준비하면서도 보복에 대한 두려움에 선뜻 결심을 내리지 못하고 있었다. 혼자서는 감당하기 어려워 가까운 친구에게 고민을 털어놓기 시작했다. 처음에는 희진을 걱정하던 친구도 그녀가 헤어지지 못하고 망설이자 점차 냉담해졌다.

"두 사람 이야기는 더 듣고 싶지 않아. 이젠 알아서 해."

"내가 해줄 이야기가 더 없는 거 같아. 얘기해도 달라지는 게 없잖아."

어느 날 희진은 남자 친구와 말다툼 도중에 폭행을 당해 얼굴과 몸에 큰 상처를 입었고 지나가던 행인의 신고로 경찰이 와서 부모님에게도 피해 사실이 알려졌다. 부모님은 희진의 상처를 확인한 후 크게 화를 내며 나무랐고 두 사람의 만남에 대해 어떻게 된 건지 얘기해보라며 다그쳤다.

"대체 왜 그런 사람을 만나는 거야? 어릴 때부터 뭐 하나 제대로 하는 게 없어."

"진작 헤어졌어야지. 여태 뭐 했어? 이런 일이 있으면 처음부터 말했어야지! 다 너 잘못이야!"

희진은 부모님의 말에 크게 상처를 받았고 우울과 불안 증상이 깊어졌다. 경찰 조사를 받는 동안에도 남자 친구와 그의 부모님까지 연락을 취해와서 혼자서 모든 일을 감당하려니 두렵고 겁이 났다.

데이트 폭력으로 생긴 심리적인 고통은 이별 후에도 오랫동안 지속되므로 주변의 관심과 지지가 필요하다. 특히 이별 후에 찾아오는 다양한 심리적 증상은 일상을 회복하는 데 많은 어려움을 준다. 대개는 극심한 절망감과 우울감 속에 자책하며 지내는 경우가 많고, 불안 장애와 외상 후 스트레스 장애를 겪으며 증상을 홀로 견뎌낸다.

우리는 흔히 힘든 일을 겪으면 가까운 주변에 알리며 심경을 토로하고, 주변의 도움을 받아 심리적 위안이나 극복할 힘을 얻는다. 그런데 데이트 폭력 피해자들은 다른 사람에게 피해 사실을 알리는 일조차 쉽지 않다. 데이트 폭력의 피해를 인지하더라도 주변에 이 사실을 말했을 때 혹여 비난이나 원망을 듣지 않을까 걱정하기 때문이다.

왜 진작 헤어지지 않았니?

실제로 피해자가 가족이나 친구들에게 피해 사실을 알렸을 때 걱정하고 염려하여 도움을 주는 경우도 많지만, 희진 씨의 부모처럼 오히려 피해자를 추궁하며 비난하거나 책임을 묻는 경우도 많다. 후자의 경우에는 가족 갈등으로 이어지거나 친구 관계의 회피나 단절로 상황이 극단으로 흐르는 경우가 많아 피해자의 심리적 고립이 더욱 커진다.

이처럼 주변의 가까운 사람들에게 받는 2차 피해는 피해자의 상실감을 키우고 홀로 문제를 극복해야 한다는 두려움을 낳는다. 2차 피해 상황에서 피해자가 가장 많이 듣는 말은 "왜 진작에 헤어지지 않았느냐"는 질문이다. 물론 가족이나 친구와 같은 가까운 사람들은 속상하고 안타까운 마음에 하는 말이겠지만, 피해의 중심에 있는 당사자에게는 그 상황까지 온 책임을 자신에게 돌리는 듯해서 상처는 배가 된다.

피해자 가족과 면담하다 보면, 데이트 폭력을 겪으면서도 진작에 헤어지지 못한 울분을 피해자에게 전가하는 경우를 종종 본다. 그때마다 데이트 폭력이 일어나기까지의 피해 상황을 설명하고 그 과정에서 일어나는 여러 두려움과 압박, 회유와 조종을 설명한다. 전문가의 개입을 통해 설명을 들으면 피해자가 겪었을 그 끔찍한 세상을 조금이나마 공감하게 된다. 그러나 이처럼 객관적인 중재와 도움을 받지 못한 경우에는 피해자를 이해하는 과정이 길고, 시간이 지나도 공감받지 못하는 경우가 허다하다.

중요한 사실은 현재 피해자가 고통 속에 있다는 점이다. 데이트 폭력은 명백히 범죄다. 다시 말해 피해의 책임은 피해자가 아니라 가해자의 몫이다. 폭력은 어떤 상황에서도 정당화될 수 없다. 따라서 피해자에게 필요한 도움은 비난이 아닌 관심과 돌봄이다.

홀로 긴 시간을 견딜 피해자를 위해

지난해 자녀의 데이트 폭력 피해 사실을 알고 난 후 곧바로 도움을 받고자 전문가를 찾은 보호자의 사례는 무척이나 인상적이었다. 사건이 일어난 후 보호자는 피해자가 겪었을 두려움을 헤아리며 곁에서 격려하고 위로하며 안정을 도왔다. 특히 이제부터는 혼자가 아니니 홀로 견디지 말라고 차분하게 당부하며 심리 치료를 통해 상처를 극복할 수 있도록 다독였다.

전문가를 찾은 보호자는 애써 감정을 억누르며 그간의 속상함을 토로했다. 그러면서도 자녀를 위해 할 수 있는 모든 도움을 주고 싶으니 방법을 알려달라고 부탁했다. 눈시울을 붉히며 자녀가 겪었을 고통의 시간을 가늠하는 동안 가해자에 대한 분노를 참을 수 없었다고 한다. 당장이라도 달려가서 몇 배로 되돌려주고 싶은 마음이 가득했지만, 자신마저 감정적으로 대응하면 자녀는 더욱 마음이 아프고 속이 상해 지낼 듯싶어 하루에도 여러 번 마음을 추슬렀다고 한다.

그런 보호자의 마음을 헤아린 건지 피해자는 힘든 상황 속에서도 심리 치료를 꾸준히 받으며 회복을 위해 노력했다. 심리 치료를 하는 동안 보호자는 늘 곁에서 도움이 될 만한 일을 물었고 그때마다 자녀를 돕기 위한 노력을 아끼지 않았다. 시간이 지나면서 피해자는 일상을 되찾기 시작했고 어느새 심리 치료도 끝났다. 마지막 날 눈시울을 붉히며 자녀에게도 전문가에게도 고마움을 표한 보호자의 모습이 눈에 선하다. 얼마나 많은 시간을 마음을 쓸어내리며 견뎠을지 가늠이 되기에 그저 두 손을 꼭 잡아드리며 심리 치료를 끝냈다.

피해자가 빠르게 회복하려면 곁에 지지적인 보호자가 필요하다. 단 한 사람이어도 피해자의 삶에 햇살이 되고 바람을 막아주는 든든한 울타리가 된다. 이는 심리 치료의 빠른 경과에도 무척 중요하다. 지금도 데이트 폭력의 피해자는 홀로 긴 시간을 견뎌내고 있을지 모른다. 주변의 시선을 두려워하며, 때로는 상처받으며 자신을 탓하고 원망하며 지낼 수 있다. 상처를 극복하는 데 무엇이 필요한지 생각해볼 필요가 있다. 주변에서 하는 말 한마디는 상처를 더욱 키우기도 하고 치유를 돕는 힘도 되기 때문이다.

가끔 보호자가 일부러 상처를 주려 한 것은 아니라고 말한다. 물론 공감이 간다. 그렇지만 곁에서 지켜볼 때 속상하고 마음이 아프더라도 지금은 따뜻한 돌봄이 피해자에게 가장 절실하다는 사실을 잊지 말아야 한다. 덧대어진 상처는 아물기까지 오랜 시간이 걸린다.

PART 02

시간이 지날수록 나는 사라지고
그만 남았어요

그들은 미안해하지 않는다

데이트 폭력은 일회성에 그치지 않고 반복적이고 지속적이다. 가해자의 폭력 행동은 시간이 갈수록 더욱 공격적인 행태로 나타나기 쉽고 대상이 바뀐다 해도 쉽게 사그라지지 않는다. 그간 데이트 폭력 연구 중 가해자의 성격 특성을 밝히려는 시도가 계속되었다. 데이트 폭력 가해자의 특성을 보면 성격 장애(자기애성, 경계성, 반사회성, 편집성 성격), 분노와 충동성 조절 문제, 아동기 양육자와의 애착 문제가 폭력성에 영향을 미치는데, 문제는 폭력적인 행동을 개선할 수 있느냐다.

그런데 성격 장애는 자신의 성격에 대한 구체적인 이해가 부족하고 갈등이나 문제 상황의 원인을 상대방이나 환경으로 돌리는 경향이 크다. 또한 자신의 욕구나 행동에 대한 인식이 낮고 통찰 능력이 부족하여 전문가의 개입 없이는 스스로 변화하기가 어렵다. 이 점이 성격 장애를 지닌 사람들의 행동 변화가 잘 이루어지지 않는 이유다. 그러다 보니 고유한 성격 특성은 시간이 갈수록 견고해지고 문제 행동은 만성화된다.

특히 데이트 폭력 가해자는 정서 조절이나 행동상의 문제가 상당한데, 자기 자신에 대한 이해와 관심이 낮아 결국 그 피해는 고스란히 피해자에게 미치고 폭력의 이유와 책임까지 피해자가 떠안게 된다. 가해자는 교묘하게 자신의 폭력을 정당화하기에 그 곁에 있다 보면 피해자는 마치 자신의 행동에 문제가 있어 폭력이 일어났다고 여기기까지 한다.

실제로 상담실을 찾는 피해자 중에는 '맞을 만한 상황'이었다고 말하는 경우가 있다. 그런데 그 이유를 들어보면 사소한 일에서 비롯된 경우가 대부분이고, 발단이 어떻든 간에 폭력을 행사하며 상대방에게 감정을 표출하고 공격적으로 행동한 것 자체가 문제다. 그리고 이 문제를 상호 인식하지 못할수록 상황은 더욱 악화될 뿐이라는 사실을 깨달아야 한다. 폭력에 관대해질수록, 그 허용치가 클수록 문제는 깊어진다.

피해자만 남는 치료실

성격 장애에 속하는 사람들은 심리 치료 동기가 낮아 자발적으로 전문가를 찾는 경우가 드물다. 혹여 자의든 타의든 전문가를 만난다고 해도 심리 치료를 시작하지 못하거나 이내 중단할 수 있기에 각 성격 장애의 특성에 맞는 체계적인 치료적 접근이 필요하다.

데이트 폭력 가해자는 대개 성격이나 행동 변화에 대한 동기가 낮고 개선이 필요한 사람은 자신이 아니라 상대방이라고 여기는 경향이 크다. 정작 심리 치료가 필요한 사람은 피해자라고 주장하거나 자신의 행동을 오히려 공감받으려 한다. 대개는 가해자 혼자 전문가를 찾기보다 동반하는 경우가 많은데 방문 동기를 물으면 관계를 유지하려면 심리 치료를 받아달라는 피해자의 요청 때문에 왔다고 답한다. 피해자가 여러 번 호소한 후에야 겨우 설득되어 전문가를 찾은 것으로, 이 경우는 그나마 치료적 개입을 할 수 있어 다행인 편이다.

드문 일이지만 간혹 가해자가 스스로 변화의 필요성을 인식한 후 심리 치료를 원하기도 하는데 이때는 경과와 예후가 확실히 좋다. 한 내담자는 데이트 폭력 가해자였다. 직장 동료였던 여자 친구를 오래도록 좋아하다가 고백했고 1년여쯤 지나서는 결혼까지 약속한 사이가 되었다. 그런데 사소한 일로 둘 사이에 다툼이 잦아졌고 어느 순간 폭력으로 이어졌다. 욕설과 폭언이 잦았고 급기야 신체 폭력까지 일어났다. 가해자는 그 순간 행동 조절이 안 됐고 피해자가 두려워하는 모습을 보면서도 더욱 과격해졌다고 한다. 여자 친구는 사건 이후로 이별을 통보했고 직장도 그만두었다고 한다. 그는 자신의 행동을 고치지 않으면 앞으로도 같은 상황이 생길 것만 같아 두렵다고 고백하면서 꾸준하게 심리 치료를 받았고 충동성과 공격성을 개선했다.

그러나 대개 가해자는 전문가를 찾지 않고 치료실에는 피해자만 남게 된다. 데이트 폭력 문제는 가해자에 대한 치료적 개입이 없으면 예방도 재발 방지도 어렵다. 데이트 폭력의 한 피해자는 이별 후에도 집착하며 괴롭히는 가해자에게 "그동안 나한테 한 폭력에 미안한 마음은 없어?"라고 묻자, 가해자는 "나도 잘못했지만 너도 맞을 만한 짓을 했잖아"라며 피해자 탓을 했다고 한다. 그 순간, 진정 어린 사과를 받고 싶다는 기대와 희망이 모두 무너졌다고 한다.

이런 상황은 어떤 특정한 한 사람에게 일어나는 일이 아니다. 데이트 폭력 가해자가 보이는 전형적인 모습이다. 이처럼 성격 장애의 가장 큰 특징이 낮은 문제 인식이다. 이를 '자아 동조적ego-syntonic'인 상태라고 한다. 즉, 자신의 성격에 문제가 있음을 인식하지 못한다는 뜻이다. 그러니 가해자에게 잘해주고 도움을 주면 변할 거라는 기대는 버리는 게 좋다.

폭력은 이해와 포용의 대상이 아니다

성격 장애는 특정한 행동 양상을 보이기에 데이트 폭력 가해자의 특성을 이해할 필요가 있다. 흔히 사람들은 성격의 변화 가능성을 궁금해한다. 성격은 각자의 유전과 환경적 경험의 상호 작용으로 형성된다. 따라서 저마다 세상을 보는 관점이나 문제를 해결하는 방식이 다양할 수밖에 없다. 그야말로 개인차가 존재한다. 삶을 살아가는 동안 우리는 여러 경험을 한다. 그 과정에서 성격의 어떤 면을 고치고자 노력하거나 새로운 방식을 통해 오랜 습관을 수정해나가면 성격의 유연성이 점차 커진다. 이는 삶의 대처 능력을 키우고 다양한 문제 해결을 할 수 있는 자원이 된다.

그런데 성격 장애를 지닌 데이트 폭력 가해자는 자신에 대한 이해가 부족하고 성격 특성 자체가 특이하여 문제 상황이 삶에서 반복되는 경우가 많다. 자기 이해는 문제 해결의 첫 번째 단계다. 그렇기에 전문가는 심층 면담으로 가해자의 자기 인식을 돕고 심리 검사로 객관화한다. 그게 무엇이든 변화하고 싶다면 자신의 욕구나 감정, 생각을 살필 줄 알아야 한다. 그런데 이들은 자기 객관화가 부족한 환경에서 자란 경우도 많고 관계에 관한 왜곡된 인식과 사회적 기술 부족, 감정 조절의 문제가 복합적으로 나타나기에 전문가의 도움이 필요하다.

간혹 가해자가 폭력적인 말과 행동을 보이더라도 좀 더 이해하고 용서하면 달라지지 않을까 생각하는 피해자들이 있다. 이는 가치관의 차이나 성격의 어떤 부분이 서로 상이하여 이해하고 수용하는 것과 다르다. 데이트 폭력은 공격적인 말과 행동의 문제다. 데이트 폭력에 대한 대처를 이해와 포용으로 받아들이는 순간, 이후에는 더 큰 폭력이 일어날 가능성이 커진다는 점을 반드시 기억해야 한다. 폭력적인 상대를 바꾸려고 하기보다는, 변화를 기대하며 반복되는 폭력적인 상황에 자신을 두기보다는 서둘러 그 관계에서 벗어나야 한다.

아동기의 애착 문제는 면죄부가 될 수 없다

그간 데이트 폭력의 가해자 특성으로 성격 특성과 어린 시절 양육 환경에 관한 연구가 활발히 진행되었다. 특히 아동기 양육자와의 관계에서 생긴 애착 문제가 성인기 범죄 행동에 어떤 영향을 미치는지 실증적인 연구가 이어졌다. 실제로 가해자를 만나 면담을 하면 초기 아동기의 애착 문제가 드러나는 경우가 많다.

그러나 우리가 잊지 말아야 할 점은 아동기의 애착 문제가 반드시 범죄로 이어지지는 않는다는 점이다. 간혹 가해자들이 주 양육자와의 애착 문제를 이유로 자신의 폭력성을 정당화하곤 하는데 이는 자기 합리화에 불과하다. 오히려 애착 결핍에서 온 욕구를 연인 관계에서 보상받으려 하기보다는 따뜻하고 지지적인 관계를 만들기 위해 더욱 배려하고 존중하며 결핍을 채워나가는 사람도 많다.

실제로 한 내담자는 아동기에 부모의 사랑을 받지 못한 기억 때문에 청소년기를 보내면서 차후 연인이 생기거나 배우자를 만나 결혼하면 더욱 가정을 잘 돌보고 관계를 돈독히 해야겠다고 다짐했다고 한다. 이는 자신의 애착 결핍을 건강하게 극복하고 만들어가는 좋은 사례다. 그런데 애착 결핍을 이유로 자기 동정에 빠져 폭력적인 행동을 이해받으려 하거나 다른 사람에게 폭력을 가한 후에도 그 원인을 양육 환경에 전가하며 책임을 회피하는 행동은 미숙하고 유아적인 대응이다. 물론 아동기 애착 형성이 성격 발달에 영향을 미치는 요인이지만 모두가 폭력성을 보이지는 않는다.

난 특별한 사람이야_자기애성 성격 장애

지연은 대학을 마친 후 교회에서 동갑인 성민과 만나 연인 관계가 되었다. 처음에는 성민이 원하는 대로 맞추며 하자는 대로 했다. 그런데 점차 그 정도가 심해졌고 영화를 보거나 음식을 시킬 때도 성민의 결정이 우선이었다. 성민에게 자신의 의견을 제시해도 무시당했고 친구를 만나는 일에도 간섭해서 그의 뜻대로 하지 않으면 크게 화를 내며 폭력적으로 대응했다.

견디지 못한 지연이 이별을 고하면 성민은 "미안해", "다시는 안 그럴게"라며 용서를 구하곤 했다. 그럴 때마다 지연은 성민이 진심으로 반성한다고 생각했고 그가 자신을 정말로 사랑한다고 믿었다.

하지만 용서가 반복될수록 성민의 폭력은 점점 심해졌다. 작은 일에도 크게 화를 내더니 결국에는 신체 폭력에까지 이르렀다. 결국 지연은 이 관계에서 벗어났지만, 반복되는 상황에도 매번 용서와 다짐에 너무 쉽게 속아 넘어간 자신의 행동이 후회스러웠다.

*

　수진은 2년 동안 사귄 남자 친구 현수에게 끊임없는 심리적 압박을 받아왔다. 두 사람이 사귀는 동안 수진은 현수의 잦은 기분 변화로 늘 긴장해야 했고 항상 그의 뜻대로 들어줘야 다툼이 끝났다. 현수는 작은 일에도 화를 내며 수진을 비난하곤 했다.

　한번은 친구들과 저녁 식사 약속이 있던 날 갑작스럽게 만나자고 연락이 왔다.

　"미안해. 저녁에 친구들하고 약속이 있어. 다음에 만나."

　"넌 나랑 보내는 시간보다 친구들하고 있는 시간이 중요한 거야?"

　현수는 약속이 있다는 수진의 말에 극도로 분노하며 감정을 주체하지 못했다.

　현수와 함께할 때마다 수진은 언제나 조심스러웠다. 작은 일로도 화를 내거나 폭발할까 두려워 말 한마디도 신경을 썼다. 수진이 너무 힘들어 이런 상황에서 벗어나려 하면 현수는 다시 다정하게 굴며 사과하곤 했다. 이런 일이 반복되자 결국 수진은 이 관계에서 벗어나기로 결심했다. 그러나 그간 자신에게 가해진 심리적 폭력을 인지하지 못한 데 대한 후회와 자책이 커서 한동안 우울증에 시달려야 했고, 우울증을 극복하기 위해 힘겨운 시간을 보내다가 상담실을 찾아왔다.

타인의 인정을 갈망하는 자기애적 허기

데이트 폭력 가해자 유형 가운데 자기애성 성격 장애Narcissistic Personality Disorder의 주된 특징은 특권 의식이다. 우리가 보통 나르시시스트라고 부르는 이들로, 이들은 병리적인 자기애에 빠져서 항상 타인과의 관계에서 자기 우월성을 유지하려 한다. 이는 연인 관계에서도 다를 바 없어서 끊임없이 대우받으려 하고 특별한 존재이기를 갈망한다. 이러한 자기중심적인 욕구의 이면에는 열등감과 무력감에 대한 염려와 두려움이 존재한다.

자기애적인 사람들은 타인의 인정을 갈망하는 자기애적 허기 때문에 상대방이 자신을 어떻게 대우하는지에 민감하다. 친밀한 관계에서도 상대방이 자신에게 순응하고 복종하기를 바라기에 타인 의존성이 높거나 심리적으로 취약한 사람에게 접근한다. 연애 초기에는 상대에게 관심을 기울이며 헌신하는 듯 행동하지만 서로 가까운 사이가 되면 자신의 노력을 보상받으려 하고 이들의 자기애적 역동이 고스란히 관계에서 드러난다.

이들은 자기 우월성을 채워줄 대상이 필요하기에 상대를 자기 뜻대로 조종하며 지배하는 착취적인 관계 속에서 '거대 자기grandiose self'를 유지해간다. 이들은 평소 자신만만해 보이고 타인의 의견에 개의치 않는 듯 행동하기에 자신감 넘치고 매력적으로 보일 수 있다. 그러나 대부분의 관계는 피상적인 수준에 머무는 경우가 많고 가까운 사람들과도 신뢰할 만한 의미 있는 관계로 발전하지 못한다. 이들에게 타인이란 욕구 충족을 위한 대상이라서 자기중심적으로 행동하기 쉽고 결국 다른 사람들과 잦은 갈등을 빚는다.

자기애적으로 구조화된 사람들은 연인 관계에서도 상대를 자기애적 욕구를 채울 부속물로 여기기에 종속적인 관계로 발전하기 쉽다. 특히 '다른 사람들은 늘 나를 존중하고 인정해야 한다'라는 역기능적 신념을 지닌 채 살아가기 때문에 성민 씨와 현수 씨처럼 상대방의 작은 행동에도 자신을 무시한다고 여기며 분노한다.

이런 사람들은 어떤 갈등 상황이 오면 문제를 해결하기 위해 노력하기보다는 신랄한 말로 비난하며 자신에게 순종하기를 바란다. 이들은 자신의 행동에는 무관심하며 상대에게 군림하려고 한다. 동등한 위치의 연인 관계를 원치 않으며 상대의 복종과 헌신을 존중과 사랑의 증거로 여긴다. 그러나 정작 상대방이 그들 곁을 떠나려고 하면 심하게 저항하는 이중적인 태도를 보이는데 이 또한 자기애적 대상을 잃지 않으려는 집착일 뿐이다.

사랑의 고통 때문이 아니다

자기애적 소유 대상이 이별을 고하거나 이를 예고하는 행동을 하면 어떠한 방식으로든 상대를 회유하고 달래며 용서를 구하지만, 이는 결국 자기 부속물을 지키려는 욕구일 뿐이다. 겉으로는 연인을 놓치지 않으려는 간절한 모습으로 보이지만 실은 집착일 뿐이다. 사랑하는 대상을 잃는 고통이 아니라 자신을 받들어줄 상대를 놓치지 않으려는 병리적인 애착 행동이며, 결국 자기애적인 폭력성은 관계를 지속하는 동안 반복된다. 그러다 보니 이들과의 관계는 늘 혼란스럽고 불안하다.

"그가 폭력적이긴 했지만, 미안해하며 용서를 구할 때는 나를 정말 사랑한다고 생각했어요. 그러나 용서가 거듭될수록 더 큰 폭력으로 이어졌죠."

심리 치료 중 지연 씨도 그간 반복적으로 용서를 구하는 성민 씨를 받아준 자신의 행동이 후회스럽다고 했다.

자기애적인 사람들은 주변에서 늘 대접받기를 원하기에 연인 관계에서도 상대방이 조금만 소홀해도 견디지 못한다. 자신의 욕구에만 몰두하기 때문에 현수 씨처럼 조금만 욕구 충족이 안 되어도 참지 못하고 쉽게 감정적인 상태에 빠진다. 따라서 이들 곁에 있는 사람들은 늘 긴장한 채 지내게 된다.

"늘 그 사람의 눈치를 봤어요. 언제 기분이 변할지 알 수 없어서 말 한 마디 한 마디 조심해야 했어요. 그와 관계를 유지하는 동안 내내 불안했지만 잘해줄 때는 저만 생각한다고 여겨질 정도로 잘해서 이해하려고 노력한 것 같아요. 지금은 모든 일이 후회스럽고 제 자신이 한심할 뿐이에요."

수진 씨는 현수 씨의 폭력을 인지하지 못한 자신 때문에 한동안 우울증에 시달렸고, 지금은 우울과 불안에서 벗어나기만을 바란다고 했다.

그냥 내 말대로만 해주면 돼!

가해자들은 관계에서 지배적이고 착취적인 성향이 강하여 상대방의 일상을 통제하고 지배하려고 든다. 그러나 정작 상대방이 원하는 바에는 관심을 기울이지 않는다. 자기애성 성격 장애를 지닌 사람들의 가장 큰 문제는 상대방의 감정에 공감하는 능력이 부족하다는 점이다. 보통 자기애성 성격 특징을 지닌 가해자는 면담하는 동안 연인과의 갈등을 설명하면서 "내가 바라는 건 없어요. 그냥 내 말대로만 해주면 돼요"라고 말하며 상대방을 탓한다.

이들은 자주 상대방이 자신의 사소한 요구조차 지키지 않는다고 말한다. 그야말로 사소한 것까지 상대방이 자신에게 다 맞취야만 한다고 생각한다. 또한 작은 욕구 불만도 견디지 못한다. 그러니 갈등이 반복되고, 그 과정에서 피해자는 다툼을 줄이기 위해 상대방의 뜻에 따르거나 사과하며 문제를 피하는 일이 잦아진다.

상담실을 찾은 한 피해자는 "사과를 빨리하는 편이 나아요. 안 그러면 너무 시달려서 괴롭거든요"라고 말했다. 자기애성 성격을 지닌 사람들은 특별한 대우를 받아야 한다는 생각에 사로잡혀서 '주고받는' 상호 관계가 아닌 일방적인 관계에 머무는 경우가 많다. 결국 한 사람이 희생자로 남는 역기능적 관계가 지속될 수밖에 없다.

자기애성 성격 장애의 특징

❖ 자신의 중요성에 대해 과대한 인식을 지니고 있다.

❖ 무한한 성공, 권력, 탁월함에 집착한다.

❖ 자신이 특별하고 독특하다고 믿는다.

❖ 과도한 찬사와 칭송을 원한다.

❖ 특권 의식에 빠져 특별 대우나 복종을 바라는 불합리한 기대를 한다.

❖ 공감 능력 결여 및 타인의 감정이나 욕구를 인식하지 못한다.

❖ 종종 타인을 시기하거나, 타인이 자신을 시기하거나 질투한다고 믿는다.

❖ 거만하고 방자한 행동이나 태도를 보인다.

문제는 그 사람이에요_반사회성 성격 장애

민지와 현우는 대학교에서 만난 커플로 취미가 같아 빠르게 가까워졌다. 그런데 현우의 잦은 거짓말과 약속을 번복하는 행동으로 다툼이 잦아졌다. 현우는 사소한 일도 거짓으로 말하거나 약속을 어기는 일이 많았고 기분에 따라 중요한 일도 취소하곤 했다. 현우에게 불만을 표현하면 오히려 민지에게 화를 내거나 연락을 차단했다.

"그는 약속을 깨기 일쑤였어요. 기분 내키는 대로 행동했죠. 늘 이런저런 핑계를 대며 자기 멋대로였어요. 그와 만나는 동안에는 늘 어떤 말이 진실인지 파악하느라 피곤했죠. 거짓말도 능수능란해서 처음에는 그가 하는 말을 다 믿었어요. 그러다가 제가 습관적인 문제를 지적하면 폭력적으로 변하거나 즉시 헤어지자고도 했죠. 그는 모든 게 늘 쉬웠어요."

또한 현우는 술을 마시면 다른 사람들과 시비가 붙는 일이 많아서 민지가 늘 긴장해야 했고 이를 말리면 더욱 폭력적으로 변했다. 특히 술에 취하면 민지에게 욕설과 폭언을 일삼았고 말투나 표정을 빌미로 폭력을 가했다. 팔을 강하게 잡아당기며 위협하거나 목을 졸라 의식을 잃을 뻔한 적도 있었다. 폭력이 일어난 후, 현우는 미안하다며 자신의 행동을 사과했지만 이러한 사과는 일시적일 뿐이었고 다음번 상황에서 반복되었다.

여러 번 용서했지만 계속된 기만 행동과 폭력성에 민지는 용서하고 받아준 자신의 행동에 후회와 자책이 커졌고, 자신이 이런 상황에 처한 걸 알면 부모님이 얼마나 놀라고 슬퍼하실까라는 생각이 들자 죄송하고 죄책감이 들어서 극단적인 생각까지 하게 되자 병원을 찾았다.

잦은 거짓말과 뛰어난 언변

반사회성 성격 장애Antisocial Personality Disorder를 지닌 사람들은 무책임하고 폭력적인 행동을 반복적으로 보인다. 일명 소시오패스라고도 하는데, 이들은 타인에게 고통을 가하면서도 자신의 행동을 자책하거나 후회하지 않으며 대인 관계를 포함한 다양한 사회적 상황에서 적응 문제를 보인다. 연인 관계에서도 초기에는 상대방의 관심을 끌고자 적극적으로 행동하지만 가까워지면 현우 씨처럼 상대방의 감정을 무시한 채 자기 멋대로 행동하며 약속과 규칙을 어기거나, 거짓말을 일삼거나, 교묘하게 상대를 속이며 신뢰를 무너뜨린다.

반사회적인 사람 중에는 언변이 좋거나 사교적으로 보이는 사람도 꽤 있는지라 언뜻 보기에는 대인 관계나 사회생활을 잘

하는 듯 느끼나, 실상은 관계의 깊이가 얕고 미성숙하여 신뢰할 만한 관계를 이어가지 못한다. 또한 빈번한 성적 문제나 중독 문제, 채무 문제나 여러 법적인 문제를 일으켜서 자신뿐만 아니라 주변에까지 악영향을 미치는 경우가 많다.

연인 관계에서도 금전적 문제를 호소하거나 동정심을 자극하여 상대방에게서 경제적 이득을 취하는 등 돈 문제가 발생하곤 한다. 또한 성적 학대나 폭력, 영상물 촬영을 하고 이를 빌미로 이별 시 유포하겠다고 협박하는 등의 범죄 행동도 서슴지 않는다. 실제로 데이트 폭력 피해에는 심리적, 신체적 피해 외에도 경제적인 피해와 디지털 성폭력 피해가 매년 증가하고 있다.

피해자를 학습된 무기력 속으로

반사회적 성향의 가해자가 지닌 가장 큰 문제점은 충동성과 폭력성의 통제 결여다. 이들의 공격적인 행동은 예측하기가 어렵고, 언제든 폭력이 일어날 수 있어서 피해자는 늘 불안한 심정으로 지내기 쉽다. 인내심도 부족하고 미성숙하여 갈등이 일어나면 사려 깊게 행동하거나 신중하게 문제에 접근하지 못하고 감정적이거나 폭력적으로 대응해 피해의 정도가 큰 편이다.

이들은 타인의 권리를 무시하거나 침해하는 행동을 하면서도 자기 합리화를 반복하며 문제를 회피하기에 행동의 개선이 쉽지 않고, 상대방이 문제점을 지적하면 더 심각한 공격 행동을 보인다. 이런 패턴이 반복되면 피해자는 어느새 폭력에 순응한 채 지내기 쉽고, 결국 폭력에 대한 학습된 무기력에 빠져 점차 더 큰 폭력에 노출될 수 있다.

"그가 화를 낼 때는 어떤 말도 하기 힘들었어요. 순식간에 폭력이 일어나서 대응할 수가 없었어요. 그 순간은 너무 무서워서 그저 당할 수밖에 없었죠. 폭력을 가한 후에는 미안하단 말을 하기도 하는데 늘 그때뿐이었어요. 하지만 제가 할 수 있는 게 없었어요. 그냥 무력하게 당하는 거죠."

실제로 한 피해자는 어느새 폭력에 익숙해진 자신의 모습에 자책과 후회가 밀려왔고, 자살 생각까지 하게 되었다고 한다.

가해자가 피해자인 척

반사회성 성격 장애를 가진 사람들은 연인 관계에서 이기적인 행동으로 잦은 갈등을 빚지만 늘 자기 합리화로 그럴듯한 변명을 하며 상대에게 책임을 전가하는 패턴을 보여서 근본적으로 문제를 해결하기 어렵다. 이들은 자신의 잘못된 행동이 어떤 결과를 초래할지 고려하지 않으며, 충동 통제 능력이 취약하고 정서적으로 불안정하여 두려움을 불러일으킬 수 있는 행동을 한다. 언어적인 공격이나 신체적인 위협도 가한다. 때로는 상대방을 제압하려고 의도적으로 폭력을 행사하기도 하는데 그런 자신의 행동을 당연하게 여기며, 어쩌다 일시적으로 뉘우치는 모습을 보이다가도 이내 같은 모습을 되풀이한다. 심리 치료 동안에도 수시로 "상대방이 나를 이해하지 못하고, 내 문제를 지적하거나 자유를 제한해서 참을 수가 없었어요"라고 말하며 오히려 자신이 피해자인 양 왜곡하는 태도를 보인다.

이런 사람들은 심리 치료를 위해 전문 기관을 방문하더라도 실제적인 변화의 필요성을 잘 느끼지 못하며 치료 동기도 낮아 적극적인 모습을 보이지 않는다. 때로 데이트 폭력으로 심리 치료를 요청하더라도 대개가 성격 문제와 행동 개선의 목적보다는 범죄 행동에 대한 감형을 받고자 전문가를 찾는 경우가 많아서, 반복적인 문제 행동이나 동종 범죄가 재발할 가능성이 크다.

이들은 치료자에게도 동정을 구하며 폭력과 관련된 주제를 피하려고 하거나 다른 주제로 전환하여 문제를 직면하지 않으려 한다. 자신의 내면을 들여다보거나 행동을 수정하려는 의지를 보이지 않으며 심지어 치료실 안에서도 거짓말을 반복하거나 기만하는 행동을 보인다. 이렇게 반사회적 성향의 가해자들은 자신의 문제를 덮으려고만 해서 최소한의 친사회적 행동과 적응 능력을 증진하는 데 시간이 오래 걸린다.

반사회성 성격 장애의 특징

❖ 법에서 정한 사회적 규범을 준수하지 않으며 구속당할 행동을 반복한다.

❖ 개인의 이익이나 쾌락을 위해 반복적으로 거짓말을 하거나 속인다.

❖ 충동적이며 사전에 계획을 세우지 못한다.

❖ 육체적 싸움이나 공격적인 행동을 빈번하게 보인다.

❖ 자신이나 타인의 안전을 무시하는 무모한 행동을 한다.

❖ 꾸준하게 직업 활동을 수행하지 못하거나 채무를 이행하지 못하는 등 무책임한 행동을 지속한다.

❖ 타인에게 상처를 입히거나 학대를 가하고도 무관심하거나 합리화하는 행동을 보이며 자책감이 없다.

사랑을 확인하는 게 잘못이야?_경계선 성격 장애

지혜와 정훈은 대학의 친구 소개로 만나 연인이 되었다. 어릴 때 폭력적인 가정에서 자란 정훈은 따뜻하고 배려심 많은 지혜를 만나면서 안정을 찾았고 점차 의지하게 되었다. 지혜는 연인에게 도움을 줄 수 있는 사람이라는 생각에 기뻤고 정훈이 자신에게 의존하는 정도가 커졌지만 당연하게 여겼다.

그런데 지혜가 아르바이트를 시작하면서 갈등이 생기기 시작했다. 전처럼 같이 있는 시간이 줄어들자, 정훈은 불만을 토로하며 일을 그만두기를 요구했고 밤늦도록 그와 통화를 하거나 만나지 않으면 짜증스러워하며 화를 내는 일이 잦았다. 지혜는 일상을 유지하기 어려웠고 그런 마음을 털어놓자, 그날 저녁 정훈은 자살을 암시하는 메시지와 사진을 보내왔다. 결국 지혜는 정훈을 다시 찾아가 사과했고 그제야 겨우 진정되었다.

지혜는 그날의 공포와 두려움을 떨치기 어려워 약물 치료를 받았고 정훈에게 이별을 고했으나 그때마다 부모에게 폭행당한 과거를 얘기하며 매달리는 모습에 마음을 되돌리곤 했다.

*

    지훈은 친구의 소개로 만난 윤주와 사귄 지 1년이 지나면서 성격 차이를 극복하기 어려워 고민에 빠졌다. 연애 초기에는 서로의 다른 성격이 매력으로 다가왔다. 지훈은 내성적이고 조용한 편인 반면에 윤주는 활발하고 사교적이었다.

    두 사람의 갈등은 윤주의 집착에서 비롯되었다. 하루에도 수시로 통화를 해야 애정으로 여겼고 가까운 주변 사람을 만나는 것도 싫어했다. 조금만 비위가 거슬려도 짜증을 내며 "애정이 식었냐. 이젠 날 좋아하지 않느냐"는 식으로 몰아세우거나 연락이 늦어지면 견디지를 못한 채 극도로 민감하게 반응했다. 특히 한번 화가 나면 신랄하게 비난하며 지난 일을 모두 끄집어내 공격했고 자살 위협을 가하기도 했다. 지훈은 심신이 지쳐 여러 번 헤어지려고 했으나 번번이 포기했다. 그 이유는 다른 사람은 그녀를 이해하지 못할 거라는 생각에 걱정스러운 마음이 들었고 무엇보다 자신이 돌봐야 하는 사람이라는 연민이 가장 컸다.

    3년간의 연애 동안 지훈은 관계에서도 일에서도 무기력해졌고 자신도 심한 말로 윤주를 공격하며 감정을 조절하지 못하게 돼서야 그녀와 헤어졌다.

버림받는 것에 대한 두려움

경계선 성격 장애Borderline Personality Disorder를 가진 사람들의 주된 특징은 극적인 정서적 불안정성이다. 이들의 내면에는 '버림받는 것'에 대한 두려움이 자리하고 있다. 그래서 연애 초기에는 상대를 이상화하면서 급속도로 관계를 발전시켜나가지만 상대방이 헤어지자고 하거나 그런 예고를 하면 강한 분노와 적개심을 드러내면서 양극단의 행동을 오간다.

이들의 가장 큰 두려움은 상대방이 자신을 떠날지도 모른다는 불안이다. 그렇기에 늘 애정을 확인하려 들며 상대방에게 집착하고 사랑을 요구한다. 애정 욕구가 크고 만성적으로 공허함을 자주 느끼다 보니, 연인에게 과도하게 의존하며 정서적 허기를 채우려고 한다.

하지만 상대방의 요구에는 지나칠 정도로 민감하다. 특히 타인의 거절 신호에 예민하게 반응하는데 자신의 욕구가 관철되지 않으면 정훈 씨나 윤주 씨처럼 자살 시도나 위협을 가하는 행동으로 상대를 심리적으로 구속한다. 연인 관계에서 상대방이 자신을 이해하고 수용하도록 요구하지만 정작 상대방이 자신의 불안정한 감정과 행동 때문에 겪는 심리적 고통은 보지 못한다.

"그는 늘 애정을 확인하려 했고 조금만 소홀해도 극단적인 말과 행동으로 저를 공격했어요. 성격도 민감하고 대인 관계에도 문제가 있어서 처음에는 잘 대해주려고 했고 안쓰러운 마음에 이해하며 감싸주었어요. 그런데 사소한 일에도 화를 참지 못하거나 자해 행동을 반복하는 모습을 보면서 점차 지쳐간 것 같아요."

지혜 씨는 정훈 씨의 집착과 자해, 자살 위협으로 일상을 유지할 수 없을 정도로 힘든 관계였다고 회고하면서 그간 상대방에게 맞추며 지내느라 주변 관계나 일상을 소홀히 해온 자신이 어리석게 느껴진다고도 했다.

경계선 성격 장애를 지닌 사람은 안정된 자아상이 확립되지 않아 관계 속에서 타인의 반응에 따라 동요하는 경향이 크다. 또한 자기 정체감의 문제로 관계 속에서 자신이 어떤 존재인지를 확인하려 드는데, 그 과정에서 상대방의 의도를 오해하고 과민하게 반응하는 일이 반복되면서 안정적인 관계 유지에 어려움을 겪는다. 이러한 행동은 상대방을 지치게 해서 결국 관계가 파국으로 끝나는데 경계선 성격 장애를 지닌 사람들은 상대방이 자신을 버렸다는 생각에 깊은 증오와 절망을 오간다. 이는 결국 이들의 '유기 불안'을 증폭시키고 다음에 이어지는 또 다른 연인 관계에서 문제가 더욱 불거지게 된다.

만성적인 공허감과 외로움이 만든 집착

경계선 성격 구조를 지닌 사람들은 높은 수준의 불안과 슬픔, 외로움을 자주 호소한다. 이들 중에는 똑똑하고 재능이 있는 사람이 많지만 고유한 성격 특성으로 자신을 충분히 성장시키지 못하는 경우가 많다. 학업을 지속하거나 직장이나 일을 갖더라도 대인 관계에서 위기를 겪는 일이 흔하고 관계 집착으로 인간 관계에서 상실감이나 고립감을 자주 경험한다. 그러다 보니 잦은 연애 실패나 주변인과 갈등으로 심리 치료를 하게 되는데 그 과정에서 자신이 경계선 성격 장애라는 것을 알게 되는 경우가 많다.

이들은 만성적인 공허감과 외로움에 시달리는데 타인의 부재를 견디지 못하다 보니 성급히 연애를 시작하고 실망하여 실패하는 패턴을 반복하곤 한다. 연인 관계에서도 상대가 자신을 돌봐주거나 위해주기를 바라는 욕구가 커서, 상대방의 불만과 고충을 이해하지 못한 채 감정적으로 대응하는 경우가 많다.

심리 치료를 요청한 한 피해자는 상대방의 잦은 폭언과 자해 행동으로 이별하기까지 항시 두려움과 공포 속에 지냈다고 한다. 사귀는 1년 동안 정신적인 무력감 속에서 살았고 하루속히 예전으로 되돌아가고 싶다고 호소했다.

"그는 늘 사소한 행동에도 민감하게 반응했어요. 제가 일이 많을 때는 바로 전화를 못 받을 때도 있고 주말에는 못 보는 날도 있었고요. 충분히 상황을 설명하고 양해를 구했는데도 애정을 확인하며 급기야 일하는 곳으로 찾아와서 당장 만나달라고 요구하거나 늦게까지 함께 있으려고 했어요. 주중에도 자주 만나려고 해서 최대한 맞추려고 노력했지만 잘 안 될 때도 있잖아요. 그러면 애정을 확인하면서 엄청나게 불쾌해했어요.

그를 만나고 나서 그 사람 빼고 모든 일상이 마비된 느낌이었죠. 결국 견디기 힘들어 헤어지자고 했더니 그날 밤 자해 행동을 하며 저를 위협했어요. 두렵고 무서워서 다시 관계를 지속했는데 이런 일이 여러 번 반복되자 너무 지쳐서 어떻게든 벗어나고 싶다는 마음이 들었어요. 용기를 내서 주변에 제 상황을 알리고 도움을 청해서 겨우 헤어질 수 있었어요."

내가 아니면 누가 이 사람을 이해할까?

지훈 씨도 윤주 씨와 헤어지지 못한 가장 큰 이유가 연민이었듯이, 데이트 폭력 피해자와 심층 면담을 하다 보면 가해자에 대한 동정이나 연민으로 이별 후를 걱정하며 괴로워하는 경우가 있다. 특히 경계선 성격을 지닌 가해자의 유약한 심리적 취약성과 깨지기 쉬운 불안정한 감정 상태에 연민을 느껴 가해자를 자신이 돌봐줘야 할 대상으로 여기는 경우를 자주 접한다.

상담을 청한 한 피해자는 상대방의 불안정한 감정과 애정에 대한 갈망으로 견딜 수 없는 상황에 이르자 이별을 여러 번 결심했지만 '내가 아니면 누가 이 사람을 이해하고 돌봐줄까'라는 생각에 다시 관계를 유지했다고 한다.

이러한 '구원자' 의식에 빠지면 폭력적인 상황을 재차 허용하게 되고 이는 역기능적인 관계를 형성하는 심리적 덫이 된다. 이런 심리적 덫에 걸리면, 지훈 씨처럼 지치다 못해 공격적으로 변해버린 자신의 모습에 놀라서 겨우 헤어지거나 주변 사람들의 충고와 조언으로 가까스로 자신을 돌아본 후에야 벗어나게 된다.

경계선 성격 장애의 특징

❖ 다른 사람에게 버려지는 것을 피하고자 지나치게 노력한다.

❖ 교제하는 동안 극단적인 이상화와 평가 절하를 반복한다.

❖ 정체감 혼란으로 자기상이나 자기 지각이 불안정하다.

❖ 자신에게 손상을 줄 수 있는 충동성(성관계, 낭비, 난폭한 운전, 물질 남용, 폭식 등)을 보인다.

❖ 자살 행동, 자살 시늉, 자살 위협과 같은 행동을 보인다.

❖ 현저한 기분 변화에 따른 감정의 불안정성이 나타난다.

❖ 만성적인 공허감을 보인다.

❖ 부적절할 정도로 심하게 분노하고 분노 조절에 어려움을 보인다(잦은 분노 표출, 계속 화를 냄, 잦은 신체 싸움 등).

❖ 스트레스를 받으면 일시적인 망상적 사고와 해리 증상이 나타난다.

어려서 사랑을 못 받아서 그래_아동기 애착 장애

초기 아동기에 주 양육자와의 관계에서 형성되는 안정적인 애착 경험은 대인 관계의 긍정적인 태도와 친사회적 행동에 영향을 미친다. 데이트 폭력 가해자의 성격 특성을 연구한 여러 연구를 보면, 초기 아동기에 양육자와 불안정 애착이나 회피 애착이 형성되면 성인기에 대인 관계에서 여러 문제를 보인다고 한다.

그러나 양육자와 애착 형성에 문제가 있었다고 해서 모두 관계 문제가 나타나는 것은 아닌지라 공격적이고 폭력적인 문제 행동의 원인을 애착 결핍으로 돌릴 수는 없다. 오히려 누군가는 아동기의 애착 문제를 극복하기 위해 연인이나 배우자에게 각별하게 신경을 쓰며 안정적인 관계를 만들려고 노력하기 때문이다. 실제로 상담하다 보면, 어린 시절의 불안정했던 애착 경험을 연인 관계에서 보상적으로 충족하기보다는 연인과 의미 있는 관계를 맺고 싶다며 도움을 요청하는 경우도 상당하다. 따라서 중요한 것은 아동기의 애착 문제 유무가 아니라 애착 문제를 어떻게 대하는가다.

발달심리학자 메리 에인스워스Mary Ainsworth는 '낯선 상황 실험'을 통해 초기 애착 경험이 아이에게 미치는 영향을 살펴봤고, 실험 결과를 바탕으로 안정 애착, 불안 양가적 애착, 회피 애착으로 구분했다. 안정 애착 유형의 경우, 실험 상황에서 어머니가 자리를 비운 후 낯선 사람이 방에 들어오면 아이는 불편함을 보였지만 어머니가 돌아오니 이내 안심하고 방 안의 장난감을 가지고 놀았다. 불안 양가적 애착 유형의 경우, 어머니가 방을 떠나는 상황에서 아이는 울고 저항했으며 다시 어머니가 돌아온 후에도 분노와 저항을 보이며 안정을 찾지 못했다. 이들의 부모는 평소 아이의 반응에 무관심했다가 과도하게 관여하는 양가적인 양육 태도를 보였다. 회피 애착 유형의 경우, 어머니와 같이 있어도 애정을 드러내지 않았고 어머니가 방을 나갔다가 돌아와도 외면하거나 회피하는 모습을 보였다. 이들의 부모는 양육 과정에서 아이가 안정을 원하거나 친밀함을 보일 때 거절하거나 피하는 태도를 보였다.

애착 이론가들은 양육자와의 애착 경험에 따라 타인을 신뢰하고 안정적으로 느끼는 정도가 개인마다 다르다고 보았다. 실제로 애착 유형에 따라 친밀한 관계에서 보이는 반응과 태도가 다르게 나타났는데, 안정 애착 유형의 사람들은 연인에게 지속적인 관심을 보이며 위안이나 도움이 필요할 때는 지지적인 모습으로 친밀한 관계를 유지했다.

사랑을 확인하지만 믿지 못한다

지현은 상대방과의 관계를 매우 중요하게 생각하며 늘 자신의 애정을 적극적으로 표현했다. 그러나 연인이었던 동현은 그녀가 얼마나 많은 애정을 보여주든, 항상 관계에서 안정감을 찾지 못했다. 끊임없이 사랑을 확인하고 요구했으며 그와 동시에 지현의 애정이 언제든 변할 수 있다고 생각했다.

연인을 대하는 방식이 너무도 달랐던 두 사람은 갈등을 겪을 수밖에 없었고 잦은 다툼에 지현도 지쳐갔다. 그러던 어느 날 작은 오해로 심하게 다투었고 지친 지현이 헤어지자고 하자, 동현은 "역시 내 예상이 맞았어!"라고 하면서 주변의 물건을 집어 던지는 등 폭력적인 행동을 보였다.

동현의 폭력적인 행동에 충격을 받은 지현은 불안과 우울증에 시달렸고 동현과 헤어진 이후에도 쉬 나아지지 않자, 상담실을 찾았다.

이 사례의 동현 씨 모습은 불안 양가적인 애착의 전형적인 패턴이다. 사랑을 확인하면서도 믿지 못하고 결국 사소한 일로 자신의 신념을 근거 삼아 문제를 키웠고 그 과정에서 평소의 불안정한 감정이 표출되어 폭력으로 이어졌다.

동현 씨는 친밀한 관계를 원하는 욕구와 상대방에 대한 불신이 충돌했고 이러한 양가 감정은 자주 변덕스럽고 예측할 수 없는 행동 패턴으로 이어졌다. 그의 내면에는 상대방이 자신을 배신하거나 버릴 거라는 깊은 두려움이 자리했고, 이런 두려움 때문에 연인에게 지속적으로 애정을 확인하고 사소한 오해나 문제에도 크게 반응했다. 이러한 감정의 충돌과 불안감은 자신을 스트레스 상태로 몰아넣었고 결국 폭력적인 행동으로 표출되었다.

보통 불안 양가적 애착 유형의 사람들은 관계 욕구 때문에 다른 사람과 쉽게 사랑에 빠지지만 상대방이 애정을 보여주어도 관계 속에서 안정감을 찾지 못한다. 친밀한 관계 속에서도 상대를 믿지 못해 애정을 요구하거나 확인하며 밀착된 관계를 원하지만 언제든 상대가 달라질 수 있다고 여겨서 양가적인 접근-회피 갈등을 보인다. 즉, 가까이 다가가고는 싶으나 두려움이 공존하여 양가적인 감정 상태에 놓인다.

그는 연인 관계가 끝난 후에도 크게 동요하지 않았어요

희수는 남자 친구 지태와 정서적인 교감을 나누는 것이 늘 어려웠다. 지태는 가족이나 주변 친구들과도 친밀하게 지내지 않았고, 그럴수록 희수는 그에게 더욱 애정을 보이며 감쌌다. 지태의 무관심한 행동을 이해하려 노력하면서 자신이 사랑을 주고 표현하면 모두 잘 해결될 거라고 믿었다. 그러나 시간이 지나도 지태의 행동은 달라지지 않았고 항상 호의를 베풀고 애정을 줘야만 하는 자신의 위치에 점차 지쳐갔다. 가령, 지태를 위해 요리를 하거나 세심한 배려를 보여줘도 그는 별로 반응하지 않았고 애정 표현에도 둔감했다.

"그는 늘 다른 사람들과 관계가 안 좋았어요. 처음에는 안쓰러운 마음이 들어서 곁에서 위로해주며 도움을 주었어요. 저도 어릴 때 부모님이 저한테 무관심했고 감정적으로 대하곤 해서 그를 더 챙겨주려고 한 거 같아요."

"그는 늘 주변 사람을 비난하며 냉소적으로 반응했어요. 사람들에 대한 인식이 무척 부정적이었죠. 제게도 마찬가지여서 힘든 일이 있어도 관심을 보이지 않거나 감정적인 공감을 피하곤 했죠. 주변 사람들뿐 아니라 제게도 늘 부정적인 말을 하니 견디기 힘들었고 우울감이 왔어요."

결국 희수는 지태와 연인 관계를 끝냈고 지치고 상처받은 마음을 추스르기 위해 노력했다. 그런데 지태는 관계가 끝난 후에도 크게 동요하지 않았고 얼마 안 가 다른 여성과 새로운 관계를 시작했다. 그 모습에 희수는 배신감과 원망으로 더욱 힘든 시간을 보내야 했다.

회피 애착 유형의 사람들은 사랑의 지속성에 회의적인 태도를 보이며 가까운 대상과도 정서적인 교감에 어려움을 느낀다. 또한 주변의 호의에 무심한 경향이 있고 연인 관계가 끝나도 정서적으로 크게 동요하지 않는 편이다.

지태 씨의 모습은 회피 애착 유형을 잘 보여주는 사례다. 두 사람 사이에는 애정 어린 교류가 이루어지지 않았고 애정이 담긴 상대방의 행동에도 반응 수준이 낮았다. 지태 씨의 내면에는 다른 사람과의 깊은 연결을 회피하는 태도가 자리하고 있다. 그는 주변 사람들의 호의를 인식하지 못하거나 인식하지 않으려 하는 경향을 보였다.

그가 연인과 친밀한 관계를 형성하는 데 어려움을 느끼는 원인은 정서적인 교감에 부정적인 태도를 지녀서일 수 있다. 이러한 태도 때문에 연인 관계가 파국으로 치달은 후에도 그는 큰 영향을 받지 않았다. 지태 씨의 이러한 태도와 성향은 다른 관계에서도 유사한 양상으로 나타날 수 있고, 결국 파국적인 상황의 악순환을 반복할 가능성이 매우 크다.

관계 악화의 핵심은 부정적 해석이다

불안 양가적 애착과 회피 애착 유형의 사람들은 연인 관계에서 인지 왜곡과 정서 조절의 문제로 안정적인 관계를 맺는 데 어려움을 보인다. 인지 왜곡에는 부정적인 내용이 들어 있는데 상황을 과대평가하거나, 주관적으로 추론하며 결론을 내리거나, 흑백 논리에 빠져 상대방이 받아주지 않으면 거절로 여기는 편향된 사고가 특징이다. 그런데 인지 왜곡은 자동으로 일어나기에 의도적으로 주의를 기울이지 않으면 자각이 어려워 문제 행동을 반복하기 쉽다.

데이트 폭력으로 오래 치료 중인 한 피해자는 사소한 일을 확대해서 해석하는 상대방의 인지 오류로 늘 갈등이 많았다고 한다. 피해자는 언제 다툼이 일어날지 몰라서 늘 불안한 상태로 지내야 했다.

"그는 늘 별일 아닌 일에도 자신을 무시하냐고 화를 참지 못했어요. 연락이 조금만 늦어도 일부러 그런다고 생각하거나 제가 어떤 의견을 내면 늘 민감하게 받아들여서 말조차 제대로 꺼내지 못했어요."

이 관계에서는 일어난 일에 대한 가해자의 부정적인 해석이 관계를 악화시키는 주요 요인이다. 따라서 상황보다는 상황을 바라보는 관점의 변화가 관계 개선에 무엇보다 중요하다. 나아가 아동기에 긍정적인 상호 작용의 결핍이나 부재는 연인 관계에서 일어나는 갈등을 극적으로 만드는 데 영향을 미치기에 오랜 생각의 틀과 태도에 변화를 주려면 전문가의 도움이 필요하다.

누구에게나 존중과 수용의 욕구가 있다. 그런데 이러한 기본 욕구가 아동기에 충족되지 않으면 성인이 되어 애정 관계에 놓인 연인에게 과잉 만족을 추구하거나, 반대로 관계에 대한 기대를 내려놓고 자기 보호에 치중하여 의미 있는 관계 형성에 어려움을 보인다.

특히 신뢰할 만한 대상에게 애정 어린 관심과 돌봄을 받지 못했다면 다른 사람에게 불신과 회의, 두려움을 느낄 수 있고 이는 성격 형성이나 관계 태도에 영향을 준다. 그러나 전문가의 도움을 받아 변화를 만들어간다면 얼마든지 기대할 만한 관계 개선의 가능성을 열 수 있다. 이를 위해서는 변화의 동기도 필요하지만 주변의 도움도 중요하다.

데이트 폭력이 일어나자 곧 심리 치료를 신청한 한 가해자도 상대방에게 폭력적인 행동을 하는 자신의 모습이 마치 어릴 때 부모가 자신에게 보인 모습과 같아서 서둘러 심리 치료를 신청했다고 한다. 이 경우는 데이트 폭력의 심각성을 스스로 인지한 경우이나 대부분 양육 환경이나 상대방의 탓으로 돌리며 책임을 피하는 경우가 많아 안타깝다.

불안 양가적 애착 유형의 특징

❖ 상대방이 날 사랑하지 않을까 걱정한다.

❖ 상대방이 나의 모든 면을 알게 되면 싫어할 거라고 생각한다.

❖ 상대방이 언제든 다른 사람에게 관심을 돌릴 것만 같다.

❖ 상대방이 내 감정을 이해하지 못할 것만 같다.

❖ 친밀한 관계를 유지하는 것이 늘 버겁다.

❖ 다른 사람과 빨리 사랑에 빠지는 편이다.

❖ 상대방의 기분에 민감하게 반응하는 편이다.

❖ 상대방이 나를 떠나면 견딜 수 없을 것 같다.

❖ 상대방과 갈등이 있을 때는 이성적으로 판단하기보다 충동적으로 행동
하는 편이다.

❖ 상대방이 조금만 소홀해도 기분이 크게 상한다.

회피 애착 유형의 특징

❖ 이별 후에도 빨리 회복하며 정서적으로 무덤덤한 편이다.

❖ 상대방의 기분을 맞추거나 공감하기가 어렵다.

❖ 친밀한 관계에 대한 욕구가 크지 않다.

❖ 상대방에게 속마음을 잘 얘기하지 않는 편이다.

❖ 친밀한 관계에서 의지하는 일을 어려워한다.

❖ 상대방의 친절한 행동에도 이유 없이 짜증 날 때가 많다.

❖ 상대방과 너무 가까워지면 불편하다.

❖ 내가 만나는 이성은 늘 더욱 친밀해지기를 원한다.

❖ 상대방이 나에게 의존하는 것이 버겁고 싫다.

❖ 상대방에게 원하는 바를 얻은 후에는 더는 기대감이 안 생긴다.

내가 좀 욱하지_분노 조절과 충동성

데이트 폭력 가해자의 특성을 보면 과거에도 유사한 감정 조절 문제와 충동적인 행동으로 관계 악화와 적응 문제를 보인 경우가 많다. 가족이나 친구 및 주변 사람들과 여러 마찰을 겪으면서 반복해서 통제 조절을 실패해온 것이다. 그러나 이들은 자신의 행동이 미친 영향을 인식하지 못한 채 주변 사람들이 보인 반응만을 민감하게 받아들이며 분노와 적개심을 키운다. 그러다 보니 인간관계에 부정적인 생각을 품고 살아가며 사소한 의견 대립이나 도움이 될 만한 조언조차도 견디기 힘들어한다.

내가 화는 잘 내도 뒤끝은 없지

은지는 남자 친구 태영 때문에 늘 긴장한 상태로 지내야 했다. 태영은 감정 조절 문제와 충동적인 행동으로 가족이나 친구들과 여러 차례 마찰을 겪어왔다. 그러나 자신의 이런 성격 문제를 부인하면서 가족이나 주변 사람들의 반응에 민감하게 대응했다. 그는 일상생활에서 사소한 의견 대립이나 조언도 견디기 힘들어했고, 특히 스트레스 상황에서는 더욱 강한 감정 상태에 빠져 행동 조절에 어려움을 겪었다.

연인 관계에서도 이러한 모습은 여전했다. 자신의 요구가 충족되지 않으면 쉽게 분노하면서 은지에게 강하게 불만을 표출하고 폭력을 가했다. 그는 수시로 분노를 제어하지 못하여 폭력성을 보였지만 "내가 화는 잘 내도 뒤끝은 없지"라며 분노를 정당화했다. 이처럼 감정적인 행동 후에도 문제의 심각성을 전혀 인식하지 못했고, 결국 피해는 고스란히 은지가 안았다. 불안하고 긴장한 나날을 보내던 은지는 결국 관계를 정리했고 정신적인 후유증을 다루기 위해 전문가의 도움을 받아야 했다.

태영 씨의 사례는 자신의 감정과 융합된 가해자의 상태를 단적으로 보여준다. 즉, 감정과 자신이 동일시되어서 감정이 이끄는 대로 행동한다. 그런데도 이 유형의 사람들은 자신의 통제 능력을 과대평가하는 경우가 많고 문제에 대한 인식도 낮다. 이런 문제를 해결하기 위해서는 자신의 감정 조절 문제를 인정하고 전문적인 도움을 받아야 하지만 사례의 경우처럼 피해자가 모든 고통을 짊어지는 경우가 많다.

이들은 다른 사람들과 있을 때 별일 아닌 일에도 민감하게 반응하며 분노를 표출하곤 하는데 강한 감정 상태에 쉽게 빠지는 경우가 많아 행동 조절에 어려움이 크다. 기질적으로도 스트레스에 취약하고 감내 능력이 낮아 원하는 만큼 욕구 충족이 안되면 이를 잘 견뎌내지 못한다.

그러다 보니 주변 사람들에게 요구도 많고 불만도 자주 표출한다. 연인 관계에서는 언제 분노가 표출될지 예측할 수가 없어서 상대방은 늘 긴장한 채 지내게 되고 때로는 순응한 채 무기력한 상태가 된다.

분노와 하나가 되는 정서적 융합

감정 조절 능력은 친밀한 대인 관계를 맺는 데 중요한 요소다. 자신의 감정을 상황에 맞게 잘 표현하고 상대방의 입장을 살펴 의견을 나눌 수 있는 능력은 갈등을 해결하는 데도 큰 영향을 미친다. 이를 위해서는 자신과 타인의 욕구를 고르게 인식할 수 있어야 하는데, 분노 조절에 문제가 있는 사람들은 자신의 감정과 욕구에만 집중하기에 연인 관계에서 상대방을 감정 폭력의 희생자로 만든다.

"나는 화를 잘 참지 못해."

"화를 내긴 해도 뒤끝은 없어."

"날 건드리지만 않으면 화를 안 내."

분노 조절에 문제를 보이는 경우, 흔히 자신의 공격적인 행동을 이렇게 단순화해 말하면서 상황의 심각성을 인지하지 못한다. 가해자들은 자신의 습관성 분노를 문제로 여기지 않거나 상대방을 탓하며 별일 아닌 일로 치부하곤 한다. 이처럼 분노 표출은 빈번하나 문제 인식은 낮아서 행동 개선이 어렵고 때로는 피해자에게 심각한 피해를 주기도 한다.

분노 감정은 강렬하면서도 오래 지속된다. 그러므로 평소에 대처 방법을 생각해두지 않으면 강렬한 감정에 쉽게 압도되어 타인에게 해를 줄 수 있다. 분노 표출 행동이 습관화되면 자신이 감정에서 빠져나오지 못하는 정서적인 융합 상태에 놓인다. 즉, 자신의 감정에 사로잡혀서 감정이 이끄는 대로 행동해버린다. 자신의 감정이지만 오히려 감정에 자신이 통제당하는 상황이 초래된다.

이쯤 되면 자기 통제 능력이 상당히 낮아져 있는 상태로 볼 수 있다. 흔히 가해자들은 "마음만 먹으면 언제든 내 감정을 조절할 수 있어. 필요하면 지금 당장이라도"라고 말하며 자신의 통제 능력을 과신하곤 하는데, 그러다 보니 전문가의 도움을 거부하고 갈등이나 문제를 악화시키는 경우가 많다.

분노에 가려진 숨겨진 진짜 감정

분노는 마음 안에 감추어진 또 다른 감정의 일부다. 분노가 커지는 상황을 스스로 인식하고 돌아볼 수 있어야 하는데 분노 표출이 잦은 사람들은 외부로 원인을 돌리는 경우가 많다. 어떤 일로 상처받았다고 인정하기보다 화를 내는 게 더 쉬울 수 있기 때문이다. 그러나 자신의 숨겨진 감정을 이해하거나 그 감정을 받아들이지 못하면 분노의 감정은 더욱 커져서 결국 폭력이 된다. 평소 자주 분노 감정이 일어나는가? 그렇다면 이를 해결할 구체적인 방법을 갖출 필요가 있다. 다음은 이를 위해 살펴볼 내용들이다.

❖ 언제 분노가 촉발되는지 구체적으로 확인한다.

❖ 분노 상황에서 자신의 대처 방법과 그 결과를 검토한다.

❖ 분노 상황에서 떠오르는 부정적 생각을 합리적 내용으로 수정한다.

❖ 분노 감정이 일어날 때는 3분간 중지한다. 이후 호흡으로 진정한 후 효과적인 행동을 선택한다.

❖ 분노 감정이 클수록 의도적으로 천천히 느리게 말하며 그 순간에 주의를 기울인다.

분노 감정은 대개 상황을 부정적으로 해석해서인 경우가 많다. 물론 상황적인 요인도 있겠지만, 자주 분노 감정을 느낀다면 자신이 유독 취약해지는 상황에 어떤 생각을 하는지 살펴보도록 한다. 모든 사람이 그 상황에서 강한 감정을 표출하거나 분노 감정을 담아 행동하지는 않기 때문이다. 그러니 상황에 따른 자신의 부정적인 생각의 내용을 찾아 대안적인 다양한 관점으로 수정해보도록 한다. 전형적으로 나타나는 자신만의 비합리적인 생각을 전환할 수 있어야 강한 분노 감정에서 벗어날 수 있다.

생각의 내용이 부정적일수록 감정은 강렬해지기 쉽고 오래도록 감정 상태에 놓일 수 있기에 감정 조절 능력을 키우는 것이 중요하다. 그래야 감정적인 대응을 안 하고 매번 분노하는 사람으로 살지 않게 된다.

분노를 유발하는 자신만의 오랜 자동적인 생각을 관찰하는 방법을 알면 극단적이거나 치우친 부정적인 생각에 사로잡히지 않을 수 있다. 분노를 유발하는 부정적인 생각에 따르거나, 그 생각을 모두 사실로 믿어버리면 자기 조절 능력은 점차 낮아진다. 그러니 자기 통제 능력을 키울 수 있는 구체적인 방법을 통해 노력해가거나 전문가의 도움을 받아 문제를 개선해나가야 한다.

분노 감정 자가 점검하기

❖ 1단계   분노가 촉발된 상황을 살펴본다. 이때의 생각, 감정, 신체 감각
의 변화를 확인하고 각각을 기록한다.

❖ 2단계   분노가 일어나기 직전 상황으로 되돌아가서 자신의 전반적인 감
정 상태, 식사나 수면의 양과 질, 다른 스트레스 요인 등을 검토
한다.

❖ 3단계   분노 행동을 구체적으로 기술한다. 자신이 한 말과 행동을 모두
찾아본다.

❖ 4단계   분노 행동의 결과를 살펴본다. 자신이나 타인에게 끼친 영향을
확인한다.

❖ 5단계   1~3단계 각각에 대처할 대안적 방법을 마련한다(가령 1단계에
서는 생각, 감정, 신체 감각을 어떻게 다룰지 찾는다).

❖ 6단계   4단계에서 일어난 분노 행동의 결과를 어떻게 회복할지 방안을
찾는다. 단, 타인의 욕구를 수용하며 복구 행동의 결과에 연연하
지 않는다(결과보다 과정에 집중한다).

분노 표출형의 특징

❖ 상대방과 갈등이 발생하더라도 즉각적으로 할 말을 하는 편이다.

❖ 상대방이 나의 기준에 맞아야만 가까이하는 편이다.

❖ 내가 원하는 것을 얻기 위해 강하게 감정이나 행동을 드러내는 편이다.

❖ 다른 사람의 행동이 마음에 들지 않으면 주로 개입하는 편이다.

❖ 상대방의 행동이 기대에 못 미치면 참기 힘들다.

❖ 상대방이 나의 욕구를 이해하지 못하거나 알아차리지 못하면 기분이 쉽
게 상한다.

❖ 다른 사람의 행동에 자주 짜증이 나고 화가 난다.

❖ 상대방의 말과 행동을 이해하기 어려울 때가 많다.

❖ 나의 기분을 조절하기 어렵다고 느낄 때가 많다.

❖ 화를 조절하지 못해 수시로 관계 갈등이 생긴다.

❖ 주변 사람들에게 감정 조절에 관한 조언을 들은 적이 있다.

결국 날 버릴 거야_거부 민감성과 방어적 태도

거부 민감성이란 대인 관계 상황에서 타인의 말과 행동을 거절이나 거부의 신호로 과잉 지각하는 반응 경향성을 말한다. 대개는 기질적인 민감성과 과거 중요한 대상에게 배신당한 경험이나 배제된 경험 등이 원인으로 작용한다. 이런 이유로 '다른 사람에게 상처받고 싶지 않다'는 신념이 형성되고, 이는 연인 관계에서 상대방의 반응과 태도의 작은 변화에도 비효율적으로 대응하는 또 다른 자극이 된다.

문제는 제 불안이에요

거부 민감성이 높은 사람들은 상대방의 거절 의사를 그 자체로 수용하기보다 자신이 전부 부정당했다고 오해석하는 경향이 있다. 그러다 보니 연인 관계에서도 상대방의 의도를 객관적으로 보지 못하고 주관적으로 추론하여 부정적인 해석에 갇히는 일이 잦고 상황에 맞지 않는 과잉 대응을 보이기 쉽다. 이들은 연인 관계에서 특정한 문제가 일어나지 않아도 불안해하며 파국적 결말을 상상하는 경우가 많다. "결국 헤어지게 될 거야", "나는 버려질 거야", "그 사람이 날 떠나 다른 사람한테 갈 거야"와 같은 부정적인 예측을 하며 걱정 속에 지낸다.

심리 상담을 신청한 한 가해자는 과거에도 상대방에 대한 불신과 불안으로 안심을 구하는 행동을 자주 해서 결국 상대방이 자신을 떠났다며, 이제는 안정된 연애를 하고 싶어 상담을 신청했다고 했다. 또 다른 가해자는 "그 사람은 저한테 잘하려고 해요. 문제는 저죠. 제 불안이 문제예요. 날 사랑한다고도 해주고 결혼까지 약속했지만 마음이 놓이질 않아요. 언제 마음이 변하는 건 아닌지 항상 불안해요. 요즘에는 지쳤는지 그만하라고 하더군요. 그 얘길 들으니 서운하기도 하고 혹시 내가 싫어져서 그런가 싶어 더욱 조바심이 났어요"라고 말하며 도움을 요청했다.

다른 사람에게 상처받고 싶지 않아

아동기에 학대나 무관심 속에 자란 경우에도 상대방이 자신을 수용하는지 아닌지에 민감해질 수 있다. 자라는 동안 타인이 자신을 대하는 방식에 신경을 쓰며 작은 단서에도 상처를 입거나 심리적인 고립감을 느낄 수 있다. 타인의 행동이나 말을 자신에 대한 평가로 받아들이고 그 과정에서 때로는 과잉 방어를 할 수 있는데, 그때 타인에게는 그 모습이 과민하고 공격적으로 비칠 수 있다. 이런 행동은 관계를 악화시키는 요인이 되고 여러 번의 관계 실패로 이어지기도 한다.

이러한 성격 특징 때문에 거부 민감성이 높은 사람들은 연인 관계에서 상대방의 의견이나 행동에 과도하게 반응하며, 도움이 될 만한 조언도 자신을 밀어내는 행동으로 여겨 서운해하거나 공격적인 모습으로 저항하곤 한다. 작은 충돌에도 상대방이 자신을 완전히 버릴 거라고 생각하거나 일시적인 상대방의 부정적 감정을 영원한 것으로 인식하기도 한다. 심지어 상대방의 일상적인 행동이나 말조차도 자신을 거부한다고 받아들여서 예민하게 반응한다.

이 모두는 거부에 대한 극심한 두려움과 상처받고 싶지 않다는 방어적 태도 때문으로, 이들은 관계에서 지속적으로 불안함을 겪는다. 자주 상대방의 애정과 관심을 확인하려 시도하며, 상대방의 말과 행동의 모든 부분에서 '거절' 혹은 '버림받음'과 관련된 단서를 찾으려 한다. 심지어 자신만의 유사 진실(거절 혹은 배척)을 만들어내고 그것을 현재 상황에 적용하여 해석하기도 한다. 이때 생기는 인지 오류는 추가 문제를 초래할 수 있고 잘못된 해석 때문에 본래는 없던 문제까지 생기기도 한다.

거부 민감성이 만든 확대 해석

건강한 관계에서는 일반적으로 오해나 실수를 용서하고 넘어간다. 그러나 거부 민감성이 크면 사소한 실수나 오해에도 강렬하게 반응하며 상대방을 폭력으로 위협할 수 있다. 실제로 상대방의 거부 민감성 때문에 다툼이 잦았던 민지 씨의 경우가 그랬다.

민지는 경수와 오래도록 알고 지낸 선후배 사이여서 연인 관계가 되어도 편하게 잘 지내겠거니 생각했다. 그런데 어느 날 저녁, 민지가 경수에게 "오늘은 못 만날 거 같아. 친구들하고 저녁 약속 있어"라고 하자, 경수가 예민하게 반응하며 갈등이 생겼다. 건강한 관계에서는 예정된 약속도 아닌지라 제안을 거절당해도 이해하고, 다른 날 만나기로 합의할 것이다. 그러나 거부 민감성이 큰 경수는 달랐다.

경수는 "넌 나보다 친구들이 더 중요한 거야?"라며 화를 내기 시작했다. 그리고 "넌 지금 날 배제하는 거잖아. 아니야?"라며 상황을 과장해서 해석했다. 사소한 일에도 과도하게 반응하는 경수의 이러한 태도는 상대방의 일정 변경을 자신에 대한 배척으로 왜곡하여 해석한 것이다. 이 일로 경수는 격하게 화를 냈고 심지어 위협적인 말을 하며 민지에게 경고를 했다.

이 사례의 경수 씨처럼 거부 민감성은 사소한 문제도 확대 해석해 갈등을 악화시킨다. 이러한 과잉 행동은 감정 조절의 실패를 낳고 점차 자제력을 잃은 상태에서 폭력적인 말과 행동을 보일 수 있다. 건강하고 긍정적인 연인 관계 및 대인 관계를 맺고 싶다면 습관적인 사고방식에 대한 인식 개선과 함께 적절한 대처 방법을 습득해야 한다.

가해자의 7가지 방어 기제

민준은 친구들과 함께 있을 때는 항상 유쾌하고 친절한 사람이었다. 하지만 희경과 단둘이 있을 때면 완전히 다른 사람이 되었다.

"네가 뭘 안다고 그래? 조용히 있어."

"넌 아무것도 모르니까 아는 척하지 마."

"그냥 내가 하라는 대로 해. 귀찮게 하지 말고."

민준은 희경의 의견을 무시하며 윽박지르기 일쑤였다. 희경은 주변 사람들을 대할 때와는 180도 다른 민준의 모습에 혼란스러웠고 마음의 상처도 많이 받았다.

어느 날, 고통을 견디다 못해 마음을 털어놓으며 무시하는 행동을 그만해달라고 호소했다.

"넌 다른 사람들한테는 안 그러는데 나한테만 너무 막 대하는 거 같아. 내 의견은 다 무시하고 날 아무것도 못 하는 사람, 무능한 사람으로 취급하는 거 같고. 그때마다 너무 비참하고 힘들어."

희경은 민준이 자신의 고통을 이해하고 변화하기를 바랐지만 오히려 폭력적인 모습을 보이면서 주변의 물건을 집어 던지고 신체 폭력까지 가했다. 희경은 완전히 공포에 휩싸여 어떤 대응도 할 수 없었다. 하지만 폭력을 가한 다음 날, 민준은 아무 일도 없었다는 듯 행동했고 희경이 대화를 시도하면 피했다.

결국 희경이 이별을 통보하자 그제야 자신의 행동이 지나쳤다면서 용서를 구했다. 하지만 "내가 널 때린 건 네 탓도 커"라고 말하며 자신의 폭력성을 희경의 책임으로 떠넘겼다. 희경은 또다시 절망했다.

문제 행동에는 하나 이상의 방어 기제가 작용한다

살아가다 보면 다양한 스트레스 상황이나 위기 상황에 놓이는데, 이때 감당하기 어려운 고통이나 직면하기 힘든 갈등을 만나면 저마다의 고유한 '방어 기제defense mechanism'가 작동한다. 그러나 방어 기제에 의존하면 자아의 기능이 약화되어 상황을 건강하게 효율적으로 해결하기 어렵다. 방어 기제가 상황에 맞는 적절한 대처를 방해하는 인자가 되기 때문이다.

방어 기제는 여러 형태가 있고 어떻게 발현되는가에 따라 성숙한 방식으로 표현되기도 하지만 대개는 미숙하고 원시적인 형태의 행동으로 드러나는 경우가 많아서 역기능적이다. 특히 연인 관계에서 폭력성과 충동성이 높은 경우, 자신의 습관적인 방어 기제에 대한 통찰이 낮으면 문제 행동이 지속되거나 강화되곤 한다. 민준 씨가 희경 씨에게 보인 행동처럼, 데이트 폭력의 가해자들은 종종 다양한 방어 기제를 사용하여 자신의 행동을 정당화하거나 부인한다. 이러한 방어 기제는 그들의 심리적 욕구와 행동 패턴에 깊게 뿌리내리고 있으며 자신의 잘못된 행동에 대한 책임을 회피하거나 폭력을 정당화하는 데 사용된다.

데이트 폭력에서 가해자가 흔히 보이는 방어 기제의 행동을 보면, 하나 이상의 방어 기제가 문제 행동에 작용하는 경우가 많다. 민준 씨도 '부인'과 '합리화'가 복합적으로 나타난 사례다. 가해자들은 대부분 자신이 연인에게 폭력을 행사했다는 사실을 완전히 부인하는데, 이는 자신의 잘못된 행동에 대한 책임을 회피하려는 욕구에서 비롯된다. 이 경우 가해자는 "나는 그런 일을 절대로 하지 않았어"라며 자신의 행동을 부정하고, 심지어는 "그녀가 먼저 공격했어"라고 주장하곤 한다.

또한 자신의 폭력적인 행동을 합리화하는 경향이 두드러지는데, 민준 씨처럼 "상대가 날 화나게 해서 나도 화낸 거뿐이야"와 같은 방식으로 자신의 감정과 반응을 상대방의 잘못으로 돌린다. 연인에게 욕설과 폭행을 한 이유가 폭력적인 반응을 유발한 상대방의 행동 때문이라는 주장이다. 이들은 매사 상대방이 나를 제대로 대하지 않았다고 말하며 불만을 토하거나 별일 아닌 일에도 폭력적으로 행동해 문제를 만든다. 그리고 자신의 문제 행동을 감정 조절 능력 부족 혹은 충동 조절 실패라며 자신의 폭력을 정당화하기도 한다. "나도 원치 않았지만 너무 화가 나서 어쩔 수 없었다"라는 식이다.

이러한 방어 기제의 패턴은 가해자의 건강하지 않은 성격 역동과 부정적인 관계 욕구와 밀접하게 연결되어 있다. 그렇다면 데이트 폭력 가해자들에게 나타나는 주된 방어 기제에는 어떤 것이 있는지 조금 더 살펴보도록 하자.

방어 기제 ① 철회_알았다고만 하고 대화를 피해요

철회withdrawal는 감정적인 충돌이나 스트레스 상황에서 자신을 물리적이나 정서적으로 거리를 두는 방어 기제다. 특히 힘든 상황이나 감정을 직접 처리하기 어려울 때 사용하며 대화를 회피하거나 문제 해결을 미루는 방식으로 나타날 수 있다. 스트레스 상황이 지속되거나 너무 많은 일상의 자극을 받으면 그 상황을 직면하기보다는 피하며 무관심한 태도를 보인다.

데이트 폭력 가해자의 경우 연인과 갈등 상황이 빚어지면 철회를 사용할 수 있다. 가령 상대방이 둘 사이의 갈등으로 대화를 하고자 할 때 "지금 이야기하고 싶지 않아"라며 대화를 회피하거나, "생각할 시간이 필요해"라며 문제 해결을 미루는 행동을 보일 수 있다.

'철회'의 방어 기제를 사용하면 스트레스 상황에서 자주 회피하는 경향을 보이는데, 이는 문제에서 도망치거나 현재의 감정 상태에 직면하지 않으려는 욕구에 기인한다. 또한 연인 관계에서 소통의 부재가 자주 나타나는데 문제 해결에 필요한 기본적인 소통조차 불편해하며 피하려고 든다. 특히 대화의 주제가 자신의 문제 행동과 관련될수록 두드러지게 기피하는 태도를 보인다. 민준 씨가 폭력을 행사한 다음 날 희영 씨의 대화 시도를 기피한 것도 여기에 해당한다. 설령 문제 행동에 관해 대화를 하더라도 적극적으로 의사소통하지 않으며, 의사소통에 참여하라는 요청을 받아도 반응하지 않거나 심지어는 감정적 직면에서 벗어나기 위해 아예 연락을 거부하고 은둔해버리기도 한다.

연인 관계에서 갈등은 일어날 수 있으나 문제 해결 과정이 어떠한가는 무척 중요하다. 이들은 심각한 상황에서도 무관심한 태도를 보이거나 상황과는 맞지 않는 무덤덤한 반응으로 상대를 당혹스럽게 만든다. 이들은 근본적으로 친밀한 관계를 맺고 싶은 욕구가 낮고 연인 관계에서도 유사한 경향을 보인다. 특히 타인에게도 관심이 없듯이 연인의 감정이나 욕구에도 관심을 기울이지 않으며 심지어 감정 교류를 피곤하고 귀찮은 일로 여긴다.

한 피해자는 연인과 정서적인 교감을 나누는 일이 너무 어렵다며 소통의 부재를 고통스럽게 호소했다.

"그 사람은 늘 별로 반응이 없어요. 대화를 해도 깊이 있는 이야기가 안 되고 그저 알았다고만 하고 소통을 피해요. 한번은 다툰 후 화가 나서 헤어지는 게 낫겠다고 했더니 원하면 그러라고 하더라고요."

철회 방어 기제에 의존하는 사람은 감정을 나누는 상호 작용을 어려워하기에 연인의 심리적 고통을 이해하는 수준이 낮고 정서적 교류에 대한 필요성도 잘 느끼지 못한다. 철회의 방어 기제에 의존하면 둘 사이에 당면한 상황을 외면한 채 심리적 도피를 자주 하는데, 이런 경향 때문에 이들의 내면 가까이 접근하기가 어렵고 스스로도 세상이나 타인에게 마음이 닫혀 있는 경우가 많아 의미 있는 사회적 교류에 제한을 받는다.

이들은 연인 관계에서 공감적 반응에 취약하며 갈등이 깊어지면 상대방에게 무관심한 태도로 거리를 두기에 대부분 상대방이 먼저 다가와야 대화가 가능하다. 그러나 정작 상대가 갈등을 해결하고자 하면 자신을 구속하려 한다고 여기거나, 간섭으로 생각하며 피상적인 대화를 나누는 수준에 머물기에 둘 사이의 근원적인 갈등을 해결하는 데 어려움이 크다.

방어 기제 ② 전능 통제_넌 나 없으면 아무것도 못 하잖아

27세 지영은 남자 친구인 지훈의 리더십 있는 모습과 자기 주도적인 면에 이끌려 연인이 되었다. 처음에는 일일이 모든 일을 알아서 해주는 지훈의 모습이 믿음직스러웠다. 그러나 시간이 가면서 지영의 생활 습관까지 하나하나 간섭했으며 그녀의 일정이나 심지어 의복 선택까지 모든 것에 관여하려고 했다. 이러한 행동은 초기에는 걱정이나 관심으로 보였지만 점차 과도한 간섭과 통제로 바뀌자 견디기 어려웠다.

"넌 나 없으면 아무것도 못 하잖아. 내 말대로 해야 성공한다니까."

지훈은 항상 이렇게 말하면서 지영의 자율적인 선택을 방해했다. 지영을 자신에게 더욱 의존적으로 만들려 했고 지영이 독립적으로 결정하는 것마다 트집을 잡았다. 결국 지영은 친구들과 만나거나 개인적인 시간을 가질 수 없게 되었고, 그녀가 지훈의 행동에 반발하면 분노로 반응했다.

지훈 씨의 행동은 전능 통제omnipotent control의 대표적 사례다. 전능 통제는 자신이 모든 상황을 완벽하게 제어하거나 통제할 수 있다고 믿는 심리적 방어 기제다. 이런 사람들은 종종 삶의 모든 부분을 완벽하게 제어하려는 경향이 있으며, 다른 사람들에게도 지나치게 관여하거나 조종하려 든다. 그래서 지훈 씨처럼 세세한 부분까지 상대방의 삶에 간섭하고 관여한다. 전능 통제의 방어 기제를 지닌 가해자들은 다른 사람들이 자신의 기대치와 일치하지 않으면 문제라고 생각하며 상대의 태도를 바꾸려 들거나 자신이 원하는 방식대로 유도하는 데 많은 시간과 에너지를 소비한다.

이러한 전능감에 대한 욕구는 유아기를 거쳐 초기 아동기에 형성된다. 유아가 적응하는 과정에서 나타나는 발달 기제로, 대상이나 상황을 통제할 힘이 외부 요인이 아니라 자신에게 있다는 인식이다. 그러나 성장하는 동안 '전능 통제'에 지나치게 몰두하여 자신의 힘을 과시하려 들거나 상대를 통제하면서 우월감을 추구하려는 경향으로 나타나면 미숙한 자아 상태로 남게 된다. 전능감에 대한 욕구는 유아적이고 비현실적인 환상을 심어 준다. 이러한 방어 기제를 보이면, 대인 관계에서 통제 욕구를 조절하지 못해 친구나 주변과 충돌이 잦고 연인 관계에서도 지배적이고 착취적인 모습을 보인다.

전능 통제를 추구하는 사람들은 과장된 자의식에 빠져 있는 경우가 많고 자신의 생각이 늘 옳다고 여기기에 고집스럽게 관철하려고 하며 상대방이 이를 받아들이지 못하면 과민하게 대응한다. 특히 연인의 가치관이나 습관을 수용하지 못하며 자신과 다르게 생각하거나 행동할 때 유연성을 보이지 못한다. 상대를 비난하거나 평가하며 가치관을 무시하거나 자신의 기준에 따라 판단하는 경향 때문에 이들 곁에 있는 동안 상대방은 자존감의 손상과 우울감, 무기력으로 고통받는다.

우리는 누구나 자신의 의지대로 자유롭게 느끼며 삶을 통제하고 싶어 한다. 그러나 가해자들은 이러한 자신의 욕구를 타인에게서 충족하려 들기에 병리적인 문제가 삶에서 계속된다. 자신의 미해결된 욕구를 스스로 발전시키지 못한 채 연인에 대한 지배와 통제로 충족하기에, 착취적이고 폭력적인 연인 관계로 발전하기 쉽다.

전능 통제감에 빠진 사람들은 사회적 관계에서도 다른 사람들을 '이기는 것'에 희열을 느끼고 즐기는 경향을 보인다. 이들은 교묘한 책략을 써서라도 타인을 자기 뜻대로 하고자 하며 친밀한 관계에서도 상대방을 회유하거나 심리적인 약점을 이용해 자신의 통제권 안에 두려 한다. 따라서 통제 밖에 있는 상황을 견디지 못하며 상대방이 이러한 관계에 문제를 제기하거나 벗어나려 하면 강하게 저항하며 폭력을 행사한다. 이들은 상대방과 동등한 관계를 맺지 못하며 늘 우위에 서고자 해서 결국 연인 관계는 지배적인 구조를 지니게 된다.

방어 기제 ③ 이상화와 평가 절하_너무 완벽해, 아니 한심해

이상화idealization와 평가 절하devaluation는 자주 함께 나타나는 두 가지 방어 기제다. 이러한 방어 기제를 보이는 가해자들은 대상을 과도할 정도로 긍정적으로 평가하다가도 일순간 평가 절하하며 비난하고 공격하는 양상을 오간다.

연인 관계에서 '이상화'가 나타나는 경우 상대방을 완벽하게 생각하며 모든 행동과 선택에 호의적인 태도를 보이는데, 가령 "그(그녀)는 완벽해. 아무런 문제도 없어"라고 평가한다. 반대로 상대방이 자신에게 어떤 잘못을 했다고 여기거나 실망하면 극단적으로 평가 절하하며 과도하게 부정적으로 보거나 비난을 가한다. 가령 "그(그녀)는 아무것도 몰라. 한심해"라고 판단하며 이전에 이상화한 연인에 대한 평가를 일순간 뒤집는다.

이러한 방어 기제의 주요 특징을 보면 이상화와 평가 절하 모두 극단적인 감정의 변화를 나타내며, 그 과정에서 상대가 지닌 실제 성격 특성이나 행동을 강하게 긍정 또는 부정하며 현실을 왜곡한다. 이들의 평가는 일관되지 않으며 전과 다를 바 없이 행동해도 다른 평가를 하기에 상대방에게 당혹감과 혼란을 준다.

승민 씨도 여자 친구의 극단적인 태도 때문에 심리적 고통과 혼란을 호소하며 상담실을 찾았다.

승민은 여자 친구와 1년간 교제를 했고 결혼을 생각할 즈음 극심한 갈등으로 이별했다. 여자 친구인 정희는 작가인 남자 친구의 활동을 격려하며 그를 가장 완벽한 사람으로 칭송했다. 그의 성격과 말투, 생각하는 방식에까지 존경을 보였다. 그러나 승민이 바빠서 자주 만나지 못하거나 글을 쓰느라 연락을 먼저 하지 않으면 불안해하며 다른 외부 활동을 감시하기 시작했다. 그녀에게 불만을 토로하자 더욱 집착하는 모습을 보였고, 자기 뜻대로 되지 않자 그를 비난하며 그전에는 좋게 평가한 모든 것을 부정하며 인격적인 모욕을 주었다.

이 사례는 이상화와 평가 절하를 오가는 가해자의 전형적인 모습이다. 이상화와 평가 절하를 하는 가해자들은 자신들의 욕구를 상대방이 얼마나 채워주는가에 따라 극적인 평가를 오가며 자기만족을 추구하다가도 불만을 여과 없이 드러낸다.

이상화와 평가 절하는 종종 불안정한 자기상과 정서적 불안정성, 대인 관계의 공포나 불안과 같은 깊은 심리적 문제와 관련이 있다. 이들은 상대방을 완벽하게 만들려고 애쓰거나 반대로 상대방을 완전히 부정하여 자신의 불안과 두려움을 조절하려고 한다. 가해자가 상대방에게 지나치게 의존하거나 지나치게 많은 기대를 하면 결국 실망과 분노로 이어지기 쉽다.

내재한 불안이나 두려움에서 자신을 보호하기 위해 이상적인 사람에 대한 환상을 품는데, 그때 이러한 방어 기제가 작동한다. 이상적인 기준은 능력이나 외모, 경제력이나 성격 등 다양할 수 있지만 스스로가 정한 특별한 대상에게 사랑과 돌봄을 받는다는 것은 불완전하고 취약한 자기 자신을 외부 세상에서 지켜내는 보호막이 된다. 이러한 내적 소망으로 연인을 이상화하고 의지하면서 현실에서 느끼는 불안이나 취약한 내면을 감추고자 한다.

그러나 지나친 이상화는 오히려 상대방을 잃을지 모른다는 두려움을 초래하는 역기능을 낳는다. 이들은 자신이 정한 이상 적인 대상과 심리적으로 융합된 상태를 꿈꾸기에 밀착된 관계를 갈망하며 실제로든 가상으로든 분리를 느끼면 불안해한다. 문제 는 상대방을 객관적으로 보지 못한 채 이상화한 대상과의 결합 에만 몰두한다는 데 심각성이 있다. 그러다 보니 이들에게 대상 상실에 대한 전조나 신호는 늘 불안을 극화시키는 요인이 될 수 있다. 이상화의 방어 기제에 조직화된 사람들은 자신을 있는 그 대로 수용하지 못한 채 불완전한 존재로 보며, 대상을 통해 불완 전함을 충족하려 한다. 어떤 대상을 이상화하면 할수록 그 사람 에 대한 평가 절하는 더 극단적인 양상을 보인다. 여기에서 생긴 분노와 적개심이 고스란히 피해자에게 간다.

방어 기제 ④ 루사_너 때문에 내가 이렇게 된 거잖아

혜인의 남자 친구는 항상 자신의 부정적인 행동과 감정을 혜인에게 전 가하며 "네가 항상 나를 화나게 만드니까 손이 가는 거야"라며 말하곤 했다.

그는 늘 이러한 방식으로 자신의 잘못된 행동의 원인을 혜인에게 넘기면서 책임을 벗어나려 했다. 혜인은 이런 일이 반복되자 점차 자신에게 정말 문제가 있는 것은 아닌지 의심이 든다며 상담실을 찾았다.

가해자가 보이는 이런 방식의 생각과 행동은 현실 왜곡에 해당한다. 명백히 폭력을 가했으면서도 상황을 왜곡하여 마치 상대방이 그런 반응을 유발하는 것처럼 상대방에게 투사projection하고 있다. 투사는 자신의 불편한 감정, 충동, 욕구 등을 자신이 아닌 다른 사람에게 돌리는 방어 기제다. 종종 가해자가 자신의 비난받을 만한 행동을 상대방에게 넘겨 오히려 상대방을 비난하거나 자신의 부정적인 특성을 다른 사람에게 전가하는 형태로 나타난다.

투사의 방어 기제를 지닌 가해자들은 연인에게 신체적인 공격을 할 때마다 혜인 씨의 남자 친구처럼 "너 때문에 내가 이렇게 된 거잖아"라며 상대방을 비난한다. 이들은 자신의 폭력성을 인정하는 대신 연인이 그런 반응을 유발했다고 주장한다. 가해자들은 종종 자신의 취약성을 숨기고 그런 취약성이 만든 불편함이나 고통에서 벗어나기 위해 투사를 사용한다. 자신의 잘못된 행동이나 부정적인 감정을 인정하지 않음으로써 자아를 보호하려고 시도한다. 또한 자신이 감정 조절 능력이 부족하여 분노, 두려움 등의 강한 감정을 제대로 처리하지 못했으면서도 다른 사람에게 그 책임을 돌린다. 이러한 가해자들의 태도는 문제를 해결하고 개선하기 어렵게 만든다.

더욱이 가해자가 어린 시절부터 비슷한 유형의 행동 패턴을 경험하거나 배웠다면 이는 성인기에도 영향을 줄 수 있다. 예를 들어 어린 시절부터 폭력적인 환경에서 성장했다면 그 경험이 폭력적인 행동과 타인에 대한 비난으로 이어질 수 있다. 또한 가해자 중에는 신념 체계가 잘못된 경우가 많다. 가령 "내가 화를 내면 상대방이 변할 거야"와 같은 신념이 자리하면 타인을 비난하거나 공격해서 문제를 해결하려는 행동 패턴을 반복할 수 있다.

데이트 폭력으로 약물 치료와 심리 치료를 병행 중인 한 피해자는 상대방이 폭력을 가한 후에 늘 "나는 널 결코 미워하지 않아. 네가 날 미워하는 거지"라고 말해왔다고 한다. 자신에게는 잘못이 없다고 여기며 폭력의 원인을 상대방의 감정이나 태도 탓으로 돌리는 것이다. 이들은 자신의 내면을 관찰하는 능력이 부족하고 공감 능력이 낮아 상황을 객관적으로 보지 못할뿐더러 상대방의 감정을 헤아리는 데도 제한적이다. 병리적인 형태의 투사는 결국 피해자를 병들게 하고 개인의 일상을 무너뜨린다.

방어 기제 ⑤ 행동화_공격적이고 파괴적인 감정의 폭발

행동화acting out는 스트레스나 감정적인 충돌을 직접적으로 표현하는 대신 부적절하거나 파괴적인 행동으로 나타내는 방어 기제다. 이러한 방어 기제는 개인이 자신의 감정을 적절하게 관리하거나 표현하는 능력이 부족할 때 일반적으로 발생한다.

자신의 욕구를 사회적으로 수용할 수 있는 방식으로 조절하여 표현하는 것은 인간관계에서 무척 중요하다. 하지만 행동화는 자신의 욕구를 미성숙한 방식의 행동으로 표출하는 행위다. 대개는 파괴적이고 공격적인 행태로 욕구 불만을 드러내기에 행동화의 결과는 치명적이다. 폭력성을 지닌 사람들이 보이는 습관적인 행동화는 다음에 소개하는 미연 씨의 사례처럼 피해자의 삶에 정신적, 신체적 고통을 오래 남긴다.

미연은 대학에서 만난 영준과 3년간의 연애 동안 폭언과 폭행에 시달렸다. 그는 수시로 스킨십을 요구했고 원치 않는데도 강제적으로 성관계를 했다. 그때마다 수치심이 들고 화가 났지만 평소에는 그녀에게 잘했고, 무엇보다 적극적으로 애정을 표현하며 생일이나 중요한 날을 잊지 않고 챙기는 모습에 그의 요구대로 따라주었다.

그런데 어느 날 미연의 노출 사진을 찍고 싶다고 요구했고 거절하자 불만스러워했다. 결국 미연은 마지못해 원하는 대로 들어주었으나 걱정이 되어 사진을 삭제해달라고 하자 화를 내며 심한 말로 폭언을 했다. 미연은 영준과 다투는 과정에서 신체 폭력을 당했고 강압적인 성관계가 이뤄졌다. 성관계 동안 그는 그녀의 목을 조르며 폭력을 가했고 여러 번 저항해도 소용이 없었다. 결국 미연은 가족의 도움으로 헤어질 수 있었지만 지금도 그날의 일이 잊히지 않아 고통스럽고 매일 밤 악몽에 시달린다고 한다.

가해자들의 가장 큰 문제는 자신의 폭력적인 행동에 깔린 내면의 욕구나 갈등의 원인에 관심을 보이지 않는다는 점이다. 상대방에게 공격적인 모습을 자주 보이면서도 그런 문제 행동을 단순히 습관으로 여기거나 충동적인 일로 치부하기에 개선이 잘 이뤄지지 않는다. 연인 관계에서 갈등을 해결하는 수단으로 공격적인 행동화를 보인다면 자기 조절 능력에 문제가 심각하다고 볼 수 있다.

다음에 소개하는 지현 씨도 자기 조절 능력에 심각한 문제가 있는 경우다.

승수는 결혼을 약속한 지현의 행동화 문제로 상담을 신청했다. 지현은 갈등 상황에서 화가 나면 대화 대신 소리를 지르거나 물건을 파손하는 등 파괴적인 행동으로 감정을 드러냈다. 그녀의 이런 행동은 과거에도 여러 번 있었다고 한다.

지현의 부모조차 그녀의 이런 행동 문제를 염려하며 결혼 생활을 잘할 수 있을지 걱정했다. 한번은 식당에서 함께 저녁을 먹는데 승수가 급한 일로 회사 동료에게 여러 번 메시지를 보냈다. 그러자 화가 난 지현은 무슨 상황인지 물어보는 대신 컵을 바닥에 내던졌고 주변 사람들을 개의치 않은 채 큰 소리로 분노를 표출했다. 승수가 말릴수록 분노 행동은 더욱 커졌고 결국 주변 사람들까지 나서 제지한 후에야 멈출 수 있었다.

영준 씨와 지현 씨처럼 행동화를 보이는 가해자의 특징을 보면 행동의 양상이 무척 공격적이고 파괴적이다. 이들은 자신이 어떤 감정을 느끼고 있는지 정확히 인식하지 못하는 경우가 많고 직접 문제를 이야기하기보다는 즉각적인 행동으로 표출하곤 한다. 대개는 스트레스를 감내하는 능력이 낮고 복잡한 문제를 해결하기 위해 생각하고 의사소통하는 데 취약하다.

행동화 문제의 심각성은 행동의 양상을 예측하기 어렵다는 데 있다. 이러한 행동화 문제를 다루려면 자신의 욕구와 소망을 통찰하고 자각할 수 있어야 하며, 나아가 적응 가능한 방식으로 욕구를 표현하는 사회적 기술과 대처 행동에 대해 체계적으로 개입하고 관리해야 한다.

방어 기제 ⑥ 합리화_그럴 만한 상황이었잖아

합리화rationalization는 자신의 행동, 생각 또는 감정에 대해 그럴듯한 이유를 찾아내는 자기 보호적인 방어 기제를 말한다. 종종 부정적이거나 비효율적인 행동을 정당화하는 데 사용하며 가해자는 이 방어 기제를 이용하여 자신의 잘못된 행동에 대한 책임을 회피한다. 이들은 문제가 될 만한 행동을 한 후에 비난이나 자책을 피하고자 그럴듯한 구실을 만들어 행동을 정당화한다. 합리화란 일종의 '이유 대기'다.

데이트 폭력 가해자들은 연인을 정신적으로 학대하거나 신체적으로 공격한 후에 "그럴 만한 상황이었잖아"라며 자신의 행동을 정당화한다. 이들은 자신이 폭력적이라는 사실을 인정하지 않고 대신 상황이 그런 반응을 유발했다고 주장한다. 합리화가 일어나는 원인을 보면 비난을 회피하는 수단으로 사용하는 경우가 많다. 가해자들은 종종 자신들의 부정적 성격 특성이나 잘못된 행동을 인정하려 들지 않는다. 그럴듯한 구실을 만들어 비난을 피하려고 하는데 이러한 역기능적이고 미숙한 대처 때문에 관계는 더욱 악화될 뿐이다.

또한 합리화 방어 기제는 자아를 보호하고 자신의 취약성을 숨기는 기능을 하는데, 자존감을 보호해주기 때문에 자주 반복되는 경향이 있다. 그리고 다른 사람의 권리를 무시하고 침해하는 행동을 한 후에도 상대방의 입장에서 생각하지 못한 채 그 럴듯한 구실을 찾아 상황을 피하려고만 하기에 폭력에 둔감해지고, 폭력에 둔감해지면 당연히 피해자의 피해 수준도 심각해진다.

33세 진경은 봉사 활동 단체에서 진수를 만났다. 동물을 좋아하고 따뜻하게 돌보는 모습에서 자상함을 느낀 그녀는 그와 만나는 동안 안정감을 느꼈다. 진경은 이전 남자 친구에게 정서 폭력을 오랫동안 겪었다. 한동안 누구를 만나는 것을 피하며 봉사 활동으로 위안을 얻었기에 진수의 다정한 모습은 마음을 움직이게 했다.

그런데 그는 질투가 무척 심했다. 전에는 진경이 사교적이라서 좋다더니, 이제는 남자 활동가가 참석하는 모임에는 나가지 못하게 막았다. 한번은 진수에게 말하지 않은 채 봉사 활동을 갔다가 그가 알게 되어 크게 다퉜다.

"남자들 만나러 간 거 아니야? 지난번에 옆에 앉아 있던 남자는 누구야? 무슨 사이야? 내가 모임에 나가는 거 싫다고 했잖아. 네가 나를 조금이라도 생각한다면 그러면 안 되지. 내가 왜 이렇게 화를 내겠어? 다 너 때문이잖아. 네가 내 말을 들어주면 내가 이렇게 화를 내고 심한 말을 하겠어? 다 네가 날 이렇게 만든 거야."

진수는 진경을 의심하며 심한 폭언을 계속 이어갔고, 진경은 이런 상황이 반복되다 보니 정말 자신에게 문제가 있는 게 아닌지 되레 걱정이 되었다. 결국 되풀이되는 정서 폭력과 의심으로 심신이 피폐해졌다.

자기 합리화의 문제는 진수 씨처럼 폭력적인 행동의 원인을 자기 안에서 찾지 않고 상대방이나 다른 상황에 돌리며 자신의 문제를 인정하지 않는 데 있다. 어떤 문제를 해결하려면 자신과 타인, 상황적 요소를 고르게 볼 수 있어야 하는데 이들은 늘 문제의 원인에서 자신은 빠져나간다. 가해자들에게는 언제나 자신은 옳다는 믿음이 자리해서 자신의 행동에 의문을 품지 않는다. 따라서 다른 사람의 조언이나 권고를 무시하거나 강하게 거부한다.

가해자들이 보이는 폭력의 정당화에 익숙해지면 점차 피해자도 폭력에 둔감해지곤 한다. 때로는 상대방의 변명이나 여러 이유에 설득당하다 보면 가해자의 정당화에 동조하는 경우도 일어난다. 진수 씨의 합리화가 반복되자, 진경 씨가 정말 자신에게 문제가 있는 건가 하는 의심을 하듯이 말이다.

그런데 가장 중요하고 기억해야 할 사실은 어떤 이유에서도 폭력은 정당화될 수 없다는 점이다. 만일 상대방이 자신의 폭력을 인정하지 않고 행동 변화를 위해 노력하지 않는다면, 그 관계는 더 큰 심각한 폭력으로 이어질 수 있기에 단호하게 의사 표현을 하고 해가 되는 관계에서 벗어나야 한다.

방어 기제 ⑦ 치환_제3자를 희생양으로

승환은 회사에서 많은 스트레스를 받고 있었다. 그의 상사는 항상 엄격하게 일을 지시했고 기대치가 높았다. 하지만 승환은 상사에게 자신의 분노를 표현할 수 없었고 대신 집에 돌아와서 연인인 희경에게 화를 내기 시작했다. 희경이 사소한 실수만 해도 크게 만들어 불필요하게 공격적으로 반응했다. 이런 행동은 실제로 승환이 직장에서 받는 압박과 스트레스 때문이었지만 그 감정을 안전한 대상인 희경에게 옮겨버린 것이다.

"그는 직장에서 쌓인 스트레스를 늘 제게 풀었어요. 특정인과 갈등이 생기면 데이트 중에 사소한 일에도 화를 내며 감정을 조절하지 못했죠."

"다른 사람들에게 보이는 행동과 저를 대하는 행동이 너무 달랐어요. 주변 사람들에게는 불만이 있어도 겉으로 드러내지 않았지만, 저와 있을 때는 그 불만을 그대로 제게 표출하며 화풀이를 했죠. 처음에는 그의 행동을 이해하려고도 했지만 점점 심해지는 폭력에 더는 견딜 수가 없었어요."

이 사례의 승환 씨처럼 데이트 폭력 가해자의 경우 사회나 가족 안에서 생긴 욕구 불만이나 쌓인 감정을 연인에게 화풀이하며 정서적 폭력이나 신체적 학대를 가하는 경우가 많다. 평소 사회에 불만을 품거나 상대적 열등감에 빠져 있는 경우, 폭력을 행사해도 안전하다고 여기는 대상을 향해 분노나 적대감을 표출하는 데 그 과정에서 폭력적인 상황이 자주 일어난다.

이렇게 자신의 감정을 원래의 대상에서 다른 대상으로 옮기는 방어 기제를 치환displacement이라고 한다. 종종 스트레스나 분노 같은 부정적인 감정을 안전하게 드러낼 수 있는 대상에게 표현하는 형태로 나타난다.

가해자들은 특정 대상이나 상황에서 미해결된 감정을 연인에게 표출하며 대리 충족하려 들고, 공격적인 에너지를 조절하지 못한 채 가까운 주변 사람을 희생양으로 만든다. 매우 미성숙하고 유아적인 방어 기제인 치환은 강렬한 욕망이나 감정을 통제하지 못한 채 자신보다 약해 보이는 대상에게 대신 표출하기 때문에 단 한 번으로도 상당한 수준의 폭력이 일어나곤 한다.

특히 연인 관계에서 지속적으로 상대를 괴롭히며 가학적인 형태의 다양한 폭력으로 발전하는 경우가 많은데, 이들은 연인에게 가하는 폭력성과 달리 다른 사회적 관계에서는 순응하고 억제하는 경우가 많고 겉으로는 잘 적응하는 사람처럼 보일 수있다. 데이트 폭력 피해자들의 사연을 듣다 보면, 가해자의 이러한 이중적인 모습에 심리적인 혼란을 호소하는 경우가 많다. 또한 이러한 문제는 여러 사회적 현상과도 연결되는데, 대응할 힘이 거의 없는 소수 집단을 향해 사회 문제의 책임을 돌리는 것도 치환의 한 예라고 볼 수 있다.

PART 03

나도 벗어나고 싶어요.
그런데……

누군가에게 의지하고 싶어_타인 의존성

미란은 경태의 독립적인 성격과 명확한 의견에 매력을 느꼈다. 자신이 쉽게 의사 결정을 내리지 못하는 문제도 명확하게 의견을 제시해줬고 그 결과도 매번 만족스러웠기에 그를 더욱 신뢰하게 되었다. 하지만 시간이 지날수록 자신이 너무 경태에게 의존한다는 사실을 깨달았다. 경태가 하자는 대로 하면 할수록 그의 태도는 더욱 일방적으로 변해갔고 미란을 무능한 사람으로 취급했다.

한번은 미란이 직장에서 겪은 문제를 이야기하려 하자, "그런 건 그냥 내가 하라는 대로만 해"라며 그녀의 의견이나 심정을 들으려 하지 않았다. 이런 상황이 반복되자 미란은 자신의 감정과 생각이 경태에게는 중요하지 않다는 생각이 들었다. 더욱이 사소한 일로 다툴 때마다 "나한테 너무 의존하니까 정말 지친다"라고 말하며 그녀를 비난했다. 심지어 별일 아닌 일에도 "우린 진짜 안 맞아, 헤어져야 한다니까"라며 관계 종결을 수시로 말했다. 몇 차례 이런 상황이 반복되자, 미란은 너무 의존적으로 변해버린 자신의 모습에 후회와 자책감이 밀려와 고통스러웠다.

의존과 애착의 감정은 누구나 느끼는 보편적 감정이다. 다른 사람에게 어느 정도 의존하는 것은 일반적이지만 그 정도가 지나치면 관계에서 병리적인 문제가 일어날 수 있다. 극단적인 의존은 보살핌을 받고자 하는 과도한 욕구로 나타난다.

타인 의존성은 지배-착취 관계를 만든다

타인 의존성이 높으면 상대방에게 복종하거나 순응한 채 관계를 유지하려는 경향이 크다. 자칫 미란 씨와 경태 씨처럼 지배하고 통제하는 관계에 놓일 수 있기에 자신의 의존 욕구에 주의를 기울이며 잘 관찰해야 한다. 의존 경향이 높은 사람들은 의사 결정을 하거나 책임을 지는 일에 두려움을 느끼는 경우가 많다. 스스로 어떤 일을 독립적으로 해나가는 데 자신감이 부족하거나 자기 신뢰가 낮아서 중요한 일일수록 더욱 누군가를 필요로 한다. 특히 연인 관계에서 상대방이 의사 결정을 도와주거나 일상의 문제를 조력하는 경우, 심리적으로 더욱 의존하게 된다.

의존성 성격을 가진 사람은 상대방이 스스로 문제를 해결하거나 주도적인 모습을 보일 때 매력을 느낀다. 이런 사람과 연애하면 안정감이 들고 불안을 낮출 수 있지만 자칫 상대방의 지배를 받는 상황에 놓일 수 있다. 또한 가해자가 의존도가 높은 피해자의 심리를 이용해 자신의 요구를 따르도록 교묘히 유도해간다면 착취를 당하는 관계로 발전할 수 있다.

심리적으로 의존 욕구가 클수록 상대방에게 반대 의견을 내는 것조차 어려워하며 가능한 한 상대방에게 맞추려 한다. 여기에는 의존 대상에게 버림받을까 봐 두려워하는 마음이 작용한다. 지배적-의존적 관계가 수립되면 갈등 상황은 피해자의 불안을 가중하고 가해자는 이런 점을 교묘히 이용한다. 피해자의 의존적인 심리 상태를 자극하여 상황을 유리하게 이끌거나 헤어질 것을 종용하며 더욱 의존하게 만든다. 결국 피해자는 의사 결정력을 잃게 되고 자기 확신은 점차 낮아진다. 가해자와 만나는 동안 독립적인 선택이 줄어들면서 심하게는 사소한 부분까지 의견을 구하게 된다.

타인 의존성이 높았던 미란 씨도 경태 씨와 교제하는 동안 상대방의 무시와 비난, 자기중심적인 태도에 무척이나 힘들었다고 한다.

"그는 늘 제멋대로였어요. 제가 잘해주면 줄수록 더욱 어긋났죠. 처음에는 자신이 하고 싶은 대로 행동하는 모습이 좋아 보였어요. 제게는 부족한 면인지라 더욱 의지하게 됐죠. 이런저런 고민을 하면 금세 결정을 내려주거나 자기 의견이 명확했어요. 늘 그의 말대로 행동하곤 했는데 지금은 너무 후회돼요. 늘 그가 하자는 대로 했더니 다툴 때는 그 점을 약점 잡아 무시하고 비난했어요. 제가 하는 말은 들으려 하지 않았고 별일 아닌 일에도 헤어지자고 했죠."

미란 씨는 상담 내내 진작에 관계를 끝내지 못한 후회와 자책으로 괴로워했다.

의존성을 벗어나려면

의존적인 사람들은 지지와 돌봄을 받기 위하여 다른 사람에게 지나치게 의존하고 잠재적인 분리에 직면했을 때 무력감을 느낀다. 이들은 자신의 문제 해결 능력에 대한 자신감이 낮고 삶의 문제가 나타났을 때 회피하는 경향을 보인다. 자신을 나약한 존재로 여기는 경우가 많아서 누군가가 돌봐주기를 바란다.

따라서 문제 해결이 필요한 상황이나 위기 상황이 오면 이를 직면하는 데 어려움을 느끼고 의존 대상에게 기댄 채 살아가기도 한다. 그래서 의존 대상이 자신을 멀리하면 불안감을 느끼고 이를 막기 위해 더욱 의존하며 순응하는 모습을 보이기도 한다. 의존 상대와 친밀한 관계가 끝나면 매우 혼란스러워하나 이내 다른 대상을 찾아 유사한 의존적 관계를 맺는 경우가 많다.

연인 관계에서는 얼마든지 상대방과 의견을 나누고 문제를 해결하는 데 서로 도움을 줄 수 있지만, 중요한 것은 의존성과 독립성을 균형 있게 지켜나가는 것이다. 특히 의존 대상이 없으면 어떤 일도 잘해내지 못한다고 여기는 사람이라면, 자기 주도적으로 살아가는 데 두려움이 클 수밖에 없기 때문에 스스로 선택할 수 있는 활동을 늘려나가야 한다.

그리고 의존성이 높은 사람들은 인지적으로도 부정적인 자기 개념에 사로잡혀 있는 경우가 많다. 가령 "난 무기력해", "난 혼자서는 어떤 일도 해나갈 수 없어", "난 의지할 대상이 필요해"라는 신념의 영향 때문에 경험이 억제되고 의존적인 삶을 선택하게 되므로 이런 부정적인 생각을 긍정적으로 바꾸려고 노력해야 한다.

자기 욕구를 희생하며 관계를 유지하는 것은 더 큰 정신적인 고통과 무력감을 줄 수 있으며 지배적이고 착취적인 관계 속에 놓일 수 있다. 따라서 관계 속에서 자신의 권리나 주장을 포기하지 않는 노력이 필요하고, 자기 결정력을 높여 상대방과 심리적 균형을 유지하려 노력해야 한다.

의존성 성격의 특징

❖ 타인의 조언과 충고 없이는 일상적인 의사 결정에 자신이 없다.

❖ 상대방에게 인생의 중요한 결정까지도 내맡기며 의지하려 한다.

❖ 상대방에게 나의 욕구나 반대 의견을 말하기 어렵다.

❖ 어떤 일을 혼자 시작하는 게 어렵고 잘할 거라는 확신이 안 든다.

❖ 상대방의 돌봄이나 지지를 잃지 않고자 불쾌한 상황에서도 참는 편이다.

❖ 친밀한 관계가 끝나는 것에 두려움이 크다.

❖ 이별 후에 필요한 돌봄이나 지지를 위해 다른 사람을 급하게 찾는다.

❖ 독립적인 생활에 자신이 없고 의존 대상이 없으면 불안하다.

타인 의존성 자가 점검 리스트

아래 항목에서 '5개 이상'이 나오면 관계에서 자율성을 늘릴 활동이나 자기 의사 결정을 높이는 선택을 연습하는 게 좋다.

❖ 일상에서 다른 사람들의 충고가 많아진다. _____

❖ 다른 사람에게 의견을 구하지 않으면 결정을 내리기 어렵다. _____

❖ 상대의 지지를 잃거나 화를 낼까 봐 반대 의견을 표현하기 어렵다. _____

❖ 판단과 능력에 자신이 없어서 독자적이고 주도적인 활동이 어렵다. _____

❖ 다른 사람에게 지지나 돌봄을 받으려고 지나치게 신경 쓴다. _____

❖ 혼자 있을 때 기분이 저하되고 무력감을 느낀다. _____

❖ 친밀한 관계가 약화되면 초조하고 불안해진다. _____

❖ 스스로 자신을 돌봐야 하는 상황이 될까 봐 걱정스럽다. _____

❖ 다른 사람의 눈치를 자주 본다. _____

❖ 내 주장을 하기보다 상대의 의견을 따르는 것이 더 편하다. _____

❖ 스스로 의사 결정을 할 때 확신이 잘 서지 않는다. _____

혼자는 너무 외로워요_관계 중독

25세 혜경은 전 남자 친구와 이별 후 3개월이 지날 즈음 현우를 만났다. 이별 후 공허감을 견디지 못할 때 만난 사람이라 그에 대해 충분히 알기도 전에 연애를 시작했다. 하지만 시간이 지날수록 자신이 단지 성적 파트너로만 여겨졌고, 경제적으로도 이용당하는 듯해 괴로웠다. 현우는 이런저런 이유로 돈이 필요하다고 했고 그때마다 도움을 주다 보니 정작 혜경의 생활에 어려움이 생겼다. 또한 혜경의 기분과 상관없이 성관계를 요구했고 거절하면 더 집요해지거나 자신을 사랑하지 않는다면서 지나치게 화를 냈다.

가까운 친구에게 고민을 털어놓자, 관계를 다시 생각해보라고 조언했고 현우와 관계를 끝내야겠다고 마음먹었다. 하지만 끝내야 한다는 걸 알면서도 쉽게 끊어지지 않았고 혜경도 그런 자신을 이해할 수 없었다. 계속 조언을 하며 이야기를 들어주던 친구도 나중에는 너무 지쳤는지 더는 혜경의 이야기를 들으려 하지 않았다.

결국 혜경은 어렵게, 어렵게 1년간의 연애를 끝냈지만 현우와의 연애로 경제적 손실과 정신적 피해를 고스란히 껴안은 채 고통 속에 지내야 했다. 그런데도 자주 찾아오는 공허감에 누군가를 다시 필요로 하는 자신을 돌아보면서 전문가의 도움을 얻고자 심리 치료를 선택했다.

관계 중독의 덫

혜경 씨처럼 연인 관계에서 폭력이 반복되는데도 지배적이고 강압적인 관계에서 잘 벗어나지 못하는 경우가 있다. 최근 피해자 특징으로 거론되는 요인 중 하나가 바로 '관계 중독relation-ship addiction'이다. 관계 중독에 빠지면 특정한 관계가 없거나 혼자 있는 시간을 견디기 어려워하며 깊은 공허감과 외로움을 잘 느낀다. 연인 관계가 끝나면 이내 새로운 사람과 빠르게 깊고 친밀한 관계를 형성하려는 경향이 있고 상대방에게 의존하며 깊은 애정을 갈망한다.

관계 중독이란 용어는 1982년 헝가리의 정신분석가이자 의사인 산도 라도Sando Rado가 처음 사용했는데, 이후 임상가들이 더 많은 사랑을 요구하고 더 많은 도움이나 충족되지 않은 내적 공허감을 채우기 위해 사람에게 집착하거나 몰두하는 상태라고 정의했다.

관계 중독의 가장 큰 문제는 자신에게 해가 되는 관계라는 사실을 잘 알면서도 그 관계를 끝내지 못하고 유지하는 데 있다.

관계 중독을 개선하기 위해 심리 치료를 하게 된 혜경 씨는 상대방의 학대와 폭력에도 관계를 이어온 자신을 이해하기 어렵다고 말하며 또다시 같은 상황이 반복될까 봐 두려워했다.

"이전 교제가 끝난 후 얼마 안 가서 만난 사람이었어요. 당시 이별 후에 밀려드는 공허감을 견딜 수가 없었어요. 늘 이 감정이 들 때는 누군가를 급히 찾는 것 같아요. 그 사람은 저를 진심으로 좋아하지 않았어요. 제가 좋아하니까 만나는 느낌이었고 성적 파트너로 생각하는 것 같았죠. 경제적으로도 절 이용했는데 제가 관계를 끝내지 못한 거죠. 저도 이런 제가 이해되지 않아 무척 힘들었어요."

애정 결핍이 만든 과도한 의존성

관계 중독을 보이는 사람들은 부모와 애착 관계가 불안정하거나 아동기의 학대나 방임과 같은 외상적인 환경에 노출된 경우가 많다. 아동기에 중요한 의존 대상에게 애정 결핍과 정서적 박탈을 경험하면 성인기에 상대방에게 애정을 갈망하거나 과도하게 의존하는 모습을 보일 수 있다.

관계 중독에 빠지면 연인 관계에서 지속적인 애정과 관심을 원하며 파괴적인 관계 속에 있더라도 자신의 욕구를 조절하지 못한 채 그 관계를 유지한다. 그러다가 상대방이 이러한 요구를 충족시켜주지 못하면 외로움과 불안, 심지어 분노를 느끼며 집착하거나 요구하는 행동을 보인다. 이들은 자신을 취약한 사람으로 여기며 "나는 혼자서 살 수 없어" 또는 "다른 사람이 없으면 난 너무 외롭고 공허해"와 같은 자신에 대한 부정적인 신념을 보이는데, 이러한 생각은 집착적인 관계를 유발할 수 있다.

관계 중독에서 나타나는 대상에 대한 갈망과 의존은 마치 알코올 중독자가 보이는 패턴과 유사하다. 알코올 중독자들이 해가 되는 걸 알면서도 술을 끊지 못하고 갈망하듯이 관계 중독에 빠진 사람들도 일상에서 여러 지장이 초래되는데도 해가 되는 관계에서 벗어나지 못한다. 이들은 관계를 갈망하고 그러한 갈망을 통제하지 못해 곤란을 겪을 뿐만 아니라 부정적인 결과들이 나타나는데도 특정 대상에 의존하며 관계를 이어나간다.

혼자를 견딜 수 없어 폭력의 굴레 속으로

관계 중독 경향이 높은 사람들은 자존감이 낮고, 혼자되는 것에 두려움을 느끼며, 자신의 감정이나 욕구보다는 타인에게 맞추며 심리적으로 의존한다. 데이트 폭력 가해자들은 이들의 의존성과 공허함을 이용하여 성적 착취나 경제적 피해, 정신적인 학대를 가하면서 자신의 욕구를 충족해간다. 그런데도 관계 중독에 빠지면 이러한 문제를 인지하면서도 벗어나지 못한다.

한 피해자는 "그가 절 사랑하지 않는다는 걸 알아요. 저한테 성적 대상이라고 말한 적도 있어요. 그런데 혼자 남겨지는 게 너무 싫어요"라고 했다. 다른 피해자는 "제가 이용당한다는 느낌이 들 때가 많아요. 그런데도 저한테 한 말이나 잘해준 순간들을 생각하면 헤어질 수가 없어요"라고 말하며 자신의 행동이 부끄럽고 수치스럽다고 했다.

관계 중독에 빠진 사람들은 자기 자신의 가치를 과소평가하며 타인의 사랑과 인정을 통해 자기 가치를 느낀다. 애정을 드러내는 상대에게 쉽게 마음이 이끌리며 연인 관계에서도 상대방이 보이는 얕은 애정에 기대어 진실을 보지 못하곤 한다. 또한 존재감을 상대방의 사랑에서 찾기에 이별은 자기 존재감의 상실을 낳으며, 이런 이유로 나쁜 관계라도 관계를 맺지 않은 상태를 오히려 두려워하며 악순환을 견뎌낸다. 따라서 자신의 욕구와 기대를 명확하게 알고 건강한 경계를 관계 속에서 설정해나가야 한다.

관계 중독 극복 방법

❖ 반복되는 관계 패턴이 일어나고 있는지 주의를 기울인다.

❖ 관계를 시작할 때 서두르지 말고 속도를 조절한다.

❖ 심리적 공허감이 클 때는 특정 관계를 시작하지 않는다. 주변의 가까운 사람들과 의미 있는 시간을 늘린다.

❖ 상대방에게 나의 욕구와 감정을 좀 더 능동적으로 표현한다.

❖ 평소 자신의 좋은 면을 찾고자 노력하고 자신을 있는 그대로 수용한다. 자기 인정과 수용은 자아 존중감과 긍정적인 자기상에 영향을 준다.

❖ 사랑이라는 감정에 중독되어 관계를 시작하고 유지하는지 주의한다. 상대방에 대한 애정이 아니라 사랑 감정에 중독되면 관계 중독이 반복된다.

❖ 관계 가치를 수립하고 가치 중심적으로 행동한다. 감정 중심에서 벗어나 관계 가치와 일치하는 행동을 늘려나간다.

❖ 내 삶의 중요한 영역과 특정 관계 사이에 심리적 균형을 유지한다.

❖ 독립적으로 의사 결정을 하고 문제를 해결하는 자기 주도성을 키운다.

❖ 심리적 학대가 발생하면 관계 문제를 주변에 알리고 그 관계를 끊어낸다. 또한 관계 중독 개선을 위해 전문가의 도움을 받는다.

그 사람이 떠날까 봐 불안해요_성인 분리 불안

　34세 현숙은 주변 지인의 소개로 만난 경수와 결혼을 앞두고 있었다. 그런데 어느 날 경수에게 헤어지자는 말을 듣고 여러 번 설득했으나 결국 이별하고 말았다.

　현숙은 어린 시절 엄격한 가정에서 자랐고 부모의 기대에 맞추느라 늘 공부만 하고 지냈다. 좋은 성적을 보여줘도 만족하지 못하는 엄마는 칭찬에 인색했고 그보다 더 나은 성적을 원하며 그녀를 다른 친구와 비교했다.

　현숙은 경수와 만나면서 자상하게 배려하는 모습에 의지하게 되었고 그가 잘해줄수록 마음 한편에는 불안이 커졌다. 혹시나 그가 떠날까 봐 늘 걱정했고 사랑을 확인하며 전전긍긍했다. 그가 조금만 바빠도 불안해서 견딜 수 없었고 연락이 안 되면 회사에 찾아가 잠깐이라도 보자고 재촉하며 얼굴을 봐야 안심이 들었다. 결국 그녀의 지나친 행동에 경수도 지쳐만 갔고 결혼을 포기하는 상황에 이르렀다.

그의 말과 행동 하나하나가 신경 쓰였어요

생애 초기에 양육자와의 관계에서 형성되는 애착은 성인기 대인 관계 문제와 관련성이 있다. 초기 불안정한 애착 경험은 정서적으로 내재화되고 친밀한 관계를 맺더라도 안정을 찾지 못한 채 상대를 믿지 못하는 분리 불안으로 나타날 수 있다. 성인 분리 불안을 보이는 사람들은 사랑에 대한 왜곡된 생각과 미숙한 사회적 대처로 불안정한 관계를 반복해나간다. 대개 낮은 자신감과 자기 존중감을 보이는데 자신의 가치를 발견하지 못한 채 타인에게서 자기 가치를 인정받으려 한다.

분리 불안은 아동에게만 국한되지 않는다. 성인에게 나타나는 분리 불안은 의미를 둔 대상을 잃을지 모른다는 두려움이 원인이다. 이들은 연인 관계에서 "더 많이 사랑받고 싶어", "자주 못 보면 애정이 식을 거야"와 같은 불안한 생각으로 관계에서 만족을 얻지 못한 채 걱정과 초조함 속에 지낸다.

현숙 씨도 그런 불안 때문에 경수 씨에게 계속 사랑을 확인받고 싶어 했고, 작은 행동에도 신경 쓰며 전전긍긍했다. 하지만 결론은 파혼이었고 현숙 씨는 자신의 행동이 지나치다는 걸 알면서도 멈출 수가 없었다.

분리 불안을 느끼는 성인들은 불안한 생각이 거의 자동으로 일어나고 스스로 그런 생각을 통제하지 못한다. 그러다 보니 상대방의 작은 행동에도 신경을 쓴 채 과도한 의미를 부여하며 정신적인 고통을 겪는다.

"그의 말과 행동 하나하나에 신경이 쓰였어요. 한번은 말하면서 자주 한숨을 쉬더라고요. 내가 싫어진 건가, 데이트가 귀찮나…… 온갖 생각이 올라오고 걱정이 돼서 한숨도 못 잤어요."

분리 불안이 있는 사람은 이처럼 사소한 일에도 부정적인 추론을 하며 상황을 확대 해석하면서 불안한 마음을 늘 안고 산다.

혼자 남겨지면 더욱 불안할 거 같아요

성인기 분리 불안이 높을수록 연인이 자신에게서 멀어지는 것에 극심한 불안을 느낀다. 그래서 중요한 대상과 밀착된 관계를 갈망하며 애착 결핍에 대한 보상 욕구로 상대방의 애정을 확인해야 안심하곤 한다.

데이트 폭력 가해자들은 상대방이 느끼는 이러한 불안과 염려를 악용하여 종속적인 관계를 만들어간다. 피해자들은 분리 불안이 커질수록 당면한 상황을 객관적으로 보지 못한 채 갈등을 위기 상황으로 여겨 어떻게든 상대를 붙들고자 한다. 그래서 상대방의 강압적 요구나 정서적 학대에도 관계를 유지하는 선택을 하곤 한다.

성인에게 나타나는 분리 불안은 연인 관계에서 더욱 두드러진다.

"그 사람 때문에 늘 힘들어요. 사귈 때는 그 사람 생각밖에 못 해요. 관계가 잘못됐다는 건 알지만 헤어질 수가 없어요."

"그 사람과 함께할 수 없다면 너무 힘들 것 같아요. 그의 폭력적인 행동을 보면 자존감이 떨어지고 수치스럽지만 혼자 남겨지면 더욱 불안할 것 같아요."

이렇게 분리 불안을 겪는 피해자들은 가해자 때문에 심리적 고통을 호소하면서도 쉽게 헤어지지 못한 채 폭력적이고 강압적인 관계에 계속 놓이는 경우가 많다.

성인기에 나타나는 애착 문제는 타인과 분리 개별화가 안 되어 심리적인 독립성을 유지하지 못하고 만성적인 불안을 지니는 데서 나타난다. 이들은 애착 대상을 갑자기 상실할지도 모른다는 두려움 때문에 상대방이 문제 행동을 보이는데도 오히려 더욱 수동적인 모습으로 다가가는 경향이 있다. 이는 가해자가 피해자에게 지배적인 관계를 형성하는 요인이 되어, 피해자는 점차 관계에서 자존감 저하와 무기력을 보이며 심리적으로 위축된 상태에 머물게 된다.

성인 분리 불안 자가 점검 리스트

❖ 상대방에게 거부당할 것만 같은 불안이 크다. ____

❖ 자주 나쁜 일이 일어날 것만 같은 두려움이 든다. ____

❖ 상대방의 작은 말과 행동에도 이별을 걱정한다. ____

❖ 수시로 상대방의 마음을 확인해야 안심이 된다. ____

❖ 혼자 남겨질까 봐 걱정이 크다. ____

❖ 상대방과 연락이 잘 안 될 때는 과도하게 초조해진다. ____

❖ 상대방에게 자주 사랑이나 관심을 확인받고 싶다. ____

❖ 사소한 갈등에도 헤어질까 염려하며 불안해한다. ____

❖ 관계 갈등 시 잦은 신체 반응이 나타난다. ____

❖ 상대방이 안심을 주는 행동을 해도 걱정이 끊이지 않는다. ____

❖ 상대방에게 돌봄과 위안을 지나치게 요구한다. ____

그 사람 부모가 된 느낌이에요_역기능적 이타심

진경은 대학원에서 경환과 연인이 되고 나서 처음에는 학업과 진로를 함께 의논할 수 있어 좋았다. 진경은 경환이 연구를 진행할 때면 적극적으로 도와주었고 세미나 준비도 도맡아서 진행했다. 평소 식사를 챙겨주거나 옷이나 필요한 물건을 사주며 세심하게 챙겼고 데이트 비용도 늘 자신이 책임졌다.

그런데 졸업한 후 경환이 다른 지역의 연구원으로 가게 되었고, 그가 부재인 상황이 오자 급격히 우울과 외로움이 커졌다. 자신의 역할이 사라진 듯한 느낌이 들었고 더는 그에게 중요한 사람이 아닌 듯 여겨져서 불안했다.

진경은 어린 시절 부모님이 자주 갈등을 빚었고 그때마다 자신이 중재하며 가족을 돌봤는데, 이제야 돌이켜보니 자신에게 연민이 들고 희생적인 삶을 살아온 것 같아 후회스러웠다.

전 사랑받는 방법을 돌봐주면서 터득한 것 같아요

어린 시절 부모와 어떻게 상호 작용하느냐는 아동의 관계 표상과 대인 관계를 맺는 방식에 영향을 미친다. 아동은 양육 과정에서 부모를 통해 모델링하고 동일시를 비롯한 다양한 사회화 과정을 학습한다. 그 과정에서 자녀는 자신이 중요한 사람이라는 인식과 대인 관계에 관한 인상을 형성한다. 이때 부모가 자녀에게 보이는 태도는 아동의 자아 및 성격으로 내면화되어 자기 자신과 다른 대상에 대해 갖는 정신적인 표상image이 된다. 이를 통해 아동은 자신이나 주변 사람들에 대한 긍정적인 느낌이나 좋은 관점을 갖기도 하지만 그 반대의 경우도 일어난다.

부모가 자녀의 욕구를 수용하지 못한 채 요구적이거나 통제적일수록 자녀의 자존감은 낮아지고 자기 주도성은 약화된다. 반대로 부모가 자녀에게 심리적으로 의존하거나 부모 자녀 간의 적절한 경계선이 없이 정서적으로 융합된 경우, 자녀는 부모의 감정을 돌보는 역할을 하게 되면서 역할 전이가 일어난다. 자녀가 부모를 정신적으로 돌보는 '부모화'가 일어나는 동안 자녀는 부모의 제대로 된 돌봄을 받지 못한 채 자란다. 때로는 부모의 사랑을 얻기 위해 자녀가 중요한 역할을 해나가면서 자신의 존재 가치를 보상받기도 한다. 이러한 역기능적 상호 관계는 자녀가 성인이 되어서도 지속되면서 견고해진다.

"어릴 때 엄마가 아빠와 싸울 때마다 제게 와서 하소연했어요. 그때마다 엄마는 너무 힘들어했고 제가 돌봐주지 않으면 큰일이 날 것 같았죠. 어른이 된 지금도 엄마와는 관계가 여전해요. 간혹 엄마에게 신경을 덜 쓴 날은 죄책감에 시달리곤 하죠."

진경 씨는 이렇게 말하면서 자신이 연인에게 헌신하며 돌봄의 역할을 지속하는 지금의 상황이 어린 시절부터 익숙했다고 한다. 자신도 사랑받고 싶었으며 엄마에게 도움을 받고 싶었지만 기대할 수 없었다는 것이다. 진경 씨는 상담을 받으면서 자신에게 연민이 들어 슬프고 외롭다며, "전 사랑받는 방법을 돌봐주면서 터득한 거 같아요. 그래야 제가 조금이라도 존재감이 있었으니까요"라고 말하며 이제는 잃어버린 자신을 찾고 싶다고 했다.

성인 역할을 내면화한 아이

아동기에 이러한 문제가 생기면 자기 자신의 감정이나 욕구를 편히 말하거나 기댈 수 있는 대상을 잃게 된다. 그러다 보니 성장하면서 자신의 감정을 억제하거나 회피하는 방식으로 처리해가고 그 과정에서 자신의 감정이나 욕구에 대한 이해와 돌봄이 낮아진다. 연인 관계에서도 자신의 감정을 표현하기보다는 감내하는 방식을 취하거나 갈등 상황에서도 상대방이 연민을 불러일으키면 용서해주는 식으로 그 관계를 지속해나가기에 정작 자신의 욕구와 감정에는 소홀해지기 쉽다.

부모가 다툴 때마다 자녀에게 기대어 감정을 토로하거나 고통을 공감받으려 할 때, 자녀는 이를 받아들이는 과정에서 점차 희생자 도식schema을 발달시킨다. 도식이란 한 개인의 삶에 미치는 전형적인 사고의 틀로, 특정 경험으로 형성된다. 성인이 되어서는 도식의 내용이 어떠한가에 따라 갈등 상황을 해결하는 방식이나 상황을 바라보는 해석이 달라지면서 상황이 더 악화되기도 한다.

자신의 발달 시기에 맞지 않게 일찍이 성인의 역할이 내면화되면, 자라는 동안 대인 관계에서 여러 부적응이 일어날 수 있다. 자기 억제가 크면 클수록 또는 부모나 중요한 타인의 의존성이 큰 상황일수록 심각한 역기능적 관계가 발생한다. 연인 관계에서도 자신의 욕구보다는 상대방의 만족에 맞추다 보니 관계에서 불균형이 생긴다. 따라서 자신의 감정이나 욕구를 이해해야 하고 자신의 관계 가치도 다시 정립할 필요가 있다.

늘 제가 상대방을 돌봐주는 역할을 하게 돼요

어린 시절부터 발달된 부모화를 통해 자기희생 도식을 형성해온 진경 씨는 경환 씨뿐만 아니라 과거의 연인들에게도 자신이 보호자처럼 돌봐주는 일을 반복했다고 한다. 이러한 상황이 반복될수록 정신적으로나 경제적으로 힘들었지만 그 역할을 멈출 수가 없다고 호소했다.

"누군가를 만나면 늘 제가 상대방을 돌봐주는 역할을 하게 돼요. 마치 그 사람의 부모가 된 듯한 느낌이 들어요. 그러다 보니 상대방도 점점 익숙해져가고 저는 배려받지 못하는 상황이 반복되죠. 어릴 때 엄마에게 제가 이런 역할이었던 것 같아요. 지긋지긋한 그 상황이 지금까지도 이어지네요."

이처럼 부모화가 내면화되면 성인기로 넘어간 후 연인 관계에서도 자신의 욕구와 감정을 표현하지 못하고 일방적으로 맞추는 관계 패턴을 보일 수 있다. 데이트 폭력 상황에서도 연민에 빠지거나, 자신이 노력과 이해로 상대를 보살피면 결국 변화할 거라는 기대와 믿음을 지니는 경우가 생긴다. 이러한 그릇된 신념은 폭력의 심각성을 낮추고 문제 상황을 더욱 지속시키는 요인이 될 수 있다는 사실을 잊지 말아야 한다. 또한 자신을 좀 더 연민과 사랑으로 감싸 안을 수 있는 자기 수용적 대처가 필요하다.

자기희생 도식을 지닌 사람들은 자신이 상처를 받을 정도로 지나치게 많이 희생한다. 그래서 데이트 폭력을 당하면서도 자신이 떠난다면 상대방의 인생이 망가질 수 있다는 생각에 관계를 유지하곤 한다. 관계 속에서 자기희생 도식에 갇히면 폭력적인 관계에서 자신을 지켜내지 못한다. 자신을 희생하는 행동으로 상대방과 관계를 유지하고 그 관계에서 존재감과 자기 가치감을 느끼지는 않는지 돌아봐야 한다. 만약 그렇다면 자신이 돌봐주어야 하는 역기능적인 파트너 관계가 반복적으로 일어날 수 있으니 각별히 주의해야 한다.

나는 항상 혼자야_만성적 외로움과 자가 몰입

지은은 어릴 때부터 자신을 이해하고 사랑해주는 사람이 없었다. 부모님은 항상 바쁘게 일하느라 지은에게 많은 관심을 주지 못했고, 그녀는 친구들과도 무언가 공유할 수 있는 깊은 연결을 느끼지 못했다. 이런 상황에서 항상 외로움에 시달리던 지은은 성인이 된 후 스터디 모임에서 알게 된 민수와 연인이 되었다. 민수는 그녀와 모든 걸 함께하려 했다. 지은은 오랫동안 갈망하던 애정과 관심을 받는 듯해서 행복했다.

하지만 시간이 지나면서 민수의 진짜 모습이 드러났다. 민수는 지은의 모든 걸 감시하고 통제했다. 그녀는 그의 행동이 잘못이라는 걸 알면서도 그와 함께하는 것이 혼자 외로운 것보다 낫다고 생각했다. 그러나 그의 폭력은 점점 심해졌고 그럴수록 지은의 외로움과 고통도 커져만 갔다. 주변의 친구들이 돕기 위해 나섰지만 정작 지은은 도움을 받아들일 준비가 되어 있지 않았다. 결국 한 친구가 적극적으로 도움을 주어서 전문가와 만날 용기를 냈고, 그제야 자신이 겪어온 외로움과 폭력적인 관계에서 벗어날 길을 찾기 시작했다.

외로움은 잘못된 감정이 아니다

심리적 외로움은 누구나 경험하는 보편적인 감정 중 하나다. 그러나 외로움에 지나치게 몰두하다 보면 수시로 "쓸쓸하고 외롭다", "공허해서 견딜 수 없다", "항상 혼자라는 느낌이 든다"와 같은 생각에 빠지고 결국 깊은 수준의 외로움을 느끼게 된다. 실존심리학자인 어빈 얄롬Irvin Yalom은 인간에게 '고독'이란 피할 수 없는 삶의 고통이며 자신과 타인, 세상 간에는 근원적인 외로움이 존재한다고 강조한다. 그런데 외로움이라는 감정에 지나치게 주의를 기울이며 몰두하면 마음의 괴로움이 커지고, 이때는 감당하기 어려워 벗어나고 싶은 욕구가 생긴다.

자신의 특정한 감정에 자가 몰입하게 되면 그 감정에 민감성이 커져서 점차 견딜 수 없는 상태가 된다. 이때는 외로움이라는 감정에 압도되거나 높은 정서적 각성 상태에 놓일 수 있다. 어떤 감정을 스스로 감당하기 어렵다고 느낄수록 타인에게서 위안이나 돌봄을 얻으려는 욕구도 커진다.

외로움이라는 감정은 잘못된 감정이 아니다. 그런데 부정적인 감정으로 여기거나 불편하게 여기며 벗어나려고만 한다면 그 감정을 느낄 때마다 괴로워질 수 있다. 외로움을 스스로 수용하기보다 주변 관계로 해소하려 하거나 상대방의 위안에 의지한다면, 늘 감정을 다스리기 위해 타인을 찾게 된다. 지은 씨도 그랬

다. 하지만 그런 심리 상태는 결국 지은 씨를 민수 씨의 지배와
통제를 받는 데이트 폭력 상황에 놓이게 했다.

외로움은 수용할수록 낮아진다

외로움은 보편적이며 자연스러운 감정이다. 그러나 원치 않
는 감정으로 여기며 피하고 거부한다면 불편함만 더욱 커진다.
어떤 감정이든 문제 삼기 시작하면 오히려 더 신경이 쓰이기 마
련이다. 특정 감정의 결핍에 대한 마음의 집착을 내려놓아야 타
인에 대한 욕구나 삶의 공허함에서 벗어날 수 있다. 외로움을 견
딜 수 없다고 여기며 어떻게든 느끼지 않으려고 애쓰면 오히려
더욱 몰두하게 되어 강한 감정 상태에 빠질 수 있다. 그러니 자
신의 감정을 바라보는 태도를 달리해볼 필요가 있다. 벗어나고
싶은 감정일수록 통제하거나 회피하기보다는 수용적인 태도로
그 감정을 허용해보자.

외로움은 누구에게나 있지만 외로움을 대하는 방식은 사람
마다 다르다. 감정을 다스릴 때는 그 감정 자체를 거부하기보다
감정의 강도를 줄이는 데 초점을 두며 보편적인 감정으로 느끼
고 받아들여야 한다. 그러니 먼저 외로움이라는 감정을 수용하
고 인정한다. 감정을 다루는 방식을 통제에서 수용으로 전환해

보는 것이다. 억제든 회피든 감정을 어떤 식으로든 통제하려 하면 감정이 더욱 커질 수 있고 직접 다루어봐야 자기 조절 능력이 커진다.

흔히 외로움을 수용하면 더 커질까 봐 염려하지만 외로움이라는 감정은 수용할수록 낮아진다. 마치 주변 사람들이 마음을 헤아려줄 때 감정이 가라앉는 것과 같다. 그러니 자기 스스로 감정을 조절할 수 있도록 노력해야 한다. 감정적인 상태에서 외로움을 해소하고자 또는 위안을 얻고자 성급히 시작한 관계는 자칫 자기 회의로 이어질 수 있고, 처한 상황이나 상대방의 여러 면을 객관화하는 판단력을 잃을 수 있기에 감정에 대처하는 방식에 변화를 줄 필요가 있다.

사귀다 보면 그럴 수 있지_희생자화

미나는 20대 초반의 여성으로, 현재 남자 친구인 태준과 함께 살고 있다. 두 사람은 대학에서 만나 연애를 시작했고 1년 후에는 같이 살기로 결정했다. 처음에는 모든 것이 잘 진행되었다. 그러나 시간이 지나면서 태준의 행동이 변하기 시작했다. 그는 점점 더 지배적으로 변해갔고 미나가 친구들을 만나거나 가족과 시간을 보내는 것을 제한하기 시작했다. 때로는 화를 내면서 물건을 집어 던지거나 심한 욕설을 했고 이런 상황은 점점 더 자주 발생했다.

미나는 이런 변화가 두려웠지만 그를 사랑하므로 관계를 유지하기로 했다. 그러나 폭력은 계속되었고 심지어 몇 번은 신체 폭력까지 이르렀다. 미나는 자신의 상황이 심각하다는 사실을 인식했지만 벗어날 수 없다고 느꼈다. 어릴 때 겪은 가정 폭력으로 지금의 사랑을 어떻게든 지키고 싶었다. 그리고 연인 관계에서 다툼이 일어나면 폭력이 일어날 수도 있다고 여겼다.

결국 주위 친구들이 여러 번 상황의 심각성을 인식시켜준 후에야 자신에게 일어난 일을 좀 더 바로 볼 수 있었다. 그전까지는 누구에게나 일어날 수 있는 일로 여겼기에 자신을 제대로 이해하기 위해 전문가를 찾았다.

내게 폭력은 일어날 수 있는 일이야

연인 관계에서 반복적으로 폭력이 일어나는데도 상대에게서 쉽게 벗어나지 못하는 경우가 있다. 연인 관계에서는 상대방에 대한 애정과 기대, 두려움과 증오가 공존하고 이런 양가적인 갈등 상태에서 단호한 의사 결정을 하지 못할 수 있다. 데이트 폭력이 일어나도 두 사람 사이에 긍정의 순간들이 있었다면, 그 기억이 그대로 남아서 '좋은 사람'이라는 상대방에 대한 긍정적 이미지도 그대로 유지된다. 이는 피해자들에게 관계를 개선할 수 있다는 희망을 심어주기도 하고, 한편으로는 자신의 선택이 잘못되지 않았으면 하는 바람이기도 하다.

또한 데이트 폭력이 일어나는 동안 가해자에 대한 두려움과 불안이 커지는데, 학습된 공포와 무기력은 폭력적인 상황을 인지하더라도 능동적으로 문제 상황을 대처하는 데 어려움을 준다. 폭력을 당한 후에는 다시 폭력을 당하는 것은 아닌지 공포에 휩싸이고, 이러한 공포는 새로운 대처 행동을 할 용기를 앗아간다. 더욱이 주변에 도움을 받을 만한 지지적인 관계가 부족하거나 사회적인 고립 상태에 놓여 있다면 더욱 힘겨운 고통 속에 홀로 머물 수 있다.

그런데 미나 씨와 같이 피해자가 어린 시절부터 유사한 폭력을 겪어왔다면 폭력을 일어날 수 있는 일로 여기는 둔감화가 일어날 수 있다. 아동기에 가정 폭력에 노출되었거나 정신적 학대나 신체 폭력을 겪었다면 부정적인 자기 인식이 형성되면서 "나는 무의미한 존재야", "내게 폭력은 일어날 수 있는 일이야", "나는 이 상황을 바꿀 수 없어"와 같은 자기 패배적인 신념이 형성될 수 있다.

아동기 외상이 만든 반복적인 희생자화

피해자는 지속적으로 자신이 상황을 변화시키거나 폭력을 멈추게 하는 데 실패했다고 느낄 수 있고 이러한 경험은 피해자가 자신의 상황을 바꿀 수 없다고 믿게 만든다. 아동기 가정 폭력이 준 외상 경험은 낮은 자아 존중감, 부적절한 적응 방식, 학습된 무기력을 초래할 수 있다. 이러한 경험은 성인이 되어서도 폭력적인 상황에서 벗어나려는 시도를 억제하게 만들고, 결국 반복적으로 피해자가 되는 위험을 증가시킨다. 이를 '희생자화 victimization'라고 한다.

희생자화는 개인이 범죄, 학대, 폭력 등으로 피해를 입는 과정을 말한다. 이러한 피해는 신체적, 정서적, 심리적 또는 재정적인 형태가 될 수 있다. 희생자화는 단발성 사건일 수도 있지만 반복해서 일어날 수도 있는데, 후자를 '반복적 희생자화'라고 한다. 반복적 희생자화는 긴 시간에 걸쳐 여러 번 또는 지속적으로 다양한 형태의 폭력이나 학대를 겪는 상황에서 일어난다. 희생자화 경험이 반복되면 개인의 정신적 건강과 삶의 질에 장기적인 영향을 미칠 수 있다. 그 결과 외상 후 스트레스 장애, 우울증, 불안증 등 다양한 심리적 문제뿐만 아니라 사회와도 연결이 약화된다.

아동기 외상 경험을 겪은 일부는 위협이나 위험에 대한 감각도 저하될 수 있다. 이는 위협적인 상황에서 벗어나거나 자신을 보호하는 적극적인 대처에 어려움을 준다. 아동기 가정 내 폭력을 목격하거나 직접 겪은 사람들은 이를 '보편적'이라고 인식할 수 있다. 이러한 비정상적인 관계 패턴을 배운 사람들은 성인이 되어서도 유사한 상황에서 자신이 폭력의 대상이 되는 것을 '당연시'할 수 있다. 이런 상태는 문제 상황에서 벗어나려는 시도 자체를 막아 반복적 희생자화의 위험을 증가시킨다.

모두 나 때문이야

폭력에 대한 희생자화 패턴이 형성되면 자신에게 일어나는 여러 상황에 적극적으로 도움을 요청하기보다는 소극적이거나 무기력하게 대응하며, 고통을 가하는 관계를 참고 견디면서 그 속에 머물 수 있다. 특히 폭력이 반복될수록 자포자기하게 되는데 이를 통해 지배적이고 학대적인 관계가 되풀이된다. 실제로 데이트 폭력 피해자 중에는 과거에 여러 번의 관계 외상을 경험한 경우가 있다.

특히 외상이 초기 아동기부터 지속되는 경우가 많은데, 부모의 학대나 방임으로 생긴 '애착 외상'은 부모가 슬픔과 공포, 두려움을 느끼게 하는 대상이지만 동시에 생존과 양육의 역할을 하는 대상이기도 해서 아동을 부모에게 의지하고 순응하게 만든다. 이러한 태도는 학대하는 가족 안에서 자신을 보호하는 기능이며 그 과정에서 아동은 자신에 대한 부정적인 인식을 형성한다. 아동기에 중요한 애착 대상에게 겪는 정신적, 신체적 학대 경험은 성격 발달과 대인 관계 태도에 부정적인 영향을 미친다.

아동기 애착 외상을 겪은 후 청소년기나 성인기 초기에 가까운 주변 사람에게 유사한 상실감이나 배신감을 겪는다면 희생자화가 반복되면서 피해자는 자신에게 폭력의 책임이 있다고 생각하게 된다. 이런 생각은 "나 때문에 그런 거야"라는 자신을 비난하는 태도로 나타날 수 있으며, 이러한 자기 비난은 연인 관계에서도 그대로 나타나 폭력적인 관계를 계속 유지하려 할 수 있다. 데이트 폭력이 일어나도 소극적으로 대응하며 학대에서 벗어나지 못하게 되는데, 가해자는 폭력을 허용하는 피해자의 모습을 보면서 자신의 폭력 행동을 정당화하고 폭력을 더욱 쉽게 행사하게 된다. 따라서 이런 상황에 처해 있다면 피해가 반복되지 않도록 주변에 알리고 전문가의 도움을 받아 심리적인 고통을 치유하고 폭력적 상황에 대처할 방법을 찾아야 한다.

PART 04

그래, 내 잘못이 아니었어

희생자에서 생존자로

데이트 폭력 피해는 반복적인 심리적 학대와 신체적 폭력으로 오랜 시간 상처의 흔적이 남는 경우가 많다. 두려움이나 분노, 우울과 무기력과 같은 정서를 경험할 수 있고 종종 다른 사람들과 관계에서도 어려움을 보인다. 폭력 피해를 가족이나 주변 사람들에게 공감받지 못하고 오히려 비난이나 무관심한 상황에 놓인다면, 이해받지 못한다는 느낌이 오래도록 지속될 수 있다. 이러한 정신적 외상과 사회적 관계 속에서 오는 고통은 자책으로 이어지기 쉽고 피해자의 심리적 회복에 큰 영향을 미친다.

데이트 폭력 이후에 실제로 전문가를 통해 심리적 증상을 치유하고 일상에 적응하기 위해 내원하는 경우는 그리 많지 않다. 대개는 가족이나 친구의 도움을 받아 비로소 전문적인 치료를 진행한다. 간혹 자발적으로 도움을 요청하기도 하나 이 과정에서도 여러 번의 용기를 내야 가능하다. 친밀한 관계에서 외상적 수준의 정신적, 신체적 고통을 겪으면, 회복에 대한 기대가 낮아지고 자신이나 삶에 전반적으로 무기력이 커져서 치유 의지를 발휘하기가 쉽지 않다. 이는 피해자의 문제가 아니라 폭력이 낳은 후유증이다.

심리적 무력감 속에서 피해자는 폭력의 희생자 관념에 놓이기 쉽고, 지난 일을 되돌아보며 자책을 이어가는 동안 치유의 과정은 더뎌진다. 이때는 마치 어둠 속에 갇힌 듯한 느낌이 들고 미래의 일에도 희망이 보이지 않아서 부정적인 생각만 든다. 자신을 다른 사람의 삶과 비교하며 이전의 자신으로는 돌아갈 수 없을 거라고 여기거나 삶이 파국으로 이어질 거라는 절망과 두려움 속에 모든 일을 돌이킬 수 없는 상황처럼 받아들이기도 한다.

이러한 심리적 상태는 피해자가 나약해서도 아니고 극복할 능력이 부족해서도 아니다. 강력한 사건의 충격 속에 갇히면 누구에게나 나타나는 증상이다. 그러니 심리적인 증상과 자기 자신을 분리해서 이해해야 하며 자신을 망가진 상태로 바라보며 멈춰 있으면 안 된다.

데이트 폭력은 피해자의 잘못이 아니다. 그렇기에 가족이나 주변의 관심과 돌봄이 필요하며 스스로 자신을 도우려는 노력도 뒤따라야 한다. 외상적 경험은 사건 이후의 과정이 무척 중요하다. 자칫 만성화될 수 있는 여러 증상에서 벗어나 회복을 돕는 과정에는 전문가의 도움 외에도 자기 조력이 중요하다.

우리에게는 누구나 내재된 치유의 잠재력이 있다. 그러니 데이트 폭력 피해를 통해 자신을 실패했거나 망가진 존재로 바라보지 않아야 한다. 깊고 아픈 상처를 받았기에 돌봄과 치료가 필요한 것뿐이다. 그럼 지금부터 자신을 조력하고 삶을 변화시키기 위해 살펴봐야 할 주요 증상과 회복 탄력성resilience을 키우기 위한 구체적인 방법을 소개해보겠다.

감정의 홍수에 빠지지 않도록

특정 상황에서 불안이나 공포와 같은 강한 감정을 느끼면 이후에도 그와 유사한 자극에 같은 반응이 일어난다. 이를 조건화라고 한다. 특히 높은 수준의 불안이나 두려움, 공포를 느낀 특정 경험은 당시의 강렬한 감정과 상황을 서로 연합해 학습하기 때문에 시간이 지나도 사소한 단서에도 강한 감정적 반응을 보일 수 있다. 미해결된 정서 기억은 다양한 신체 반응을 동반하기도 하고 여러 대인 관계 상황에서 자신도 모르게 위축되거나 회피하는 경험 억제 행동을 유발한다.

데이트 폭력이 준 정신적 고통은 시간이 지난 후에도 갑작스럽게 떠오르는 침습적인 기억에 마치 그 순간에 있는 듯이 심리적 괴로움을 느낄 수 있고, 이는 회복 탄력성에 영향을 준다. 심리적 회복을 위해서는 특정 사건과 연합된 정서 반응을 조절하는 능력을 키우는 게 중요하다. 정서 반응을 효율적으로 조절할 수 있어야 감정을 억압하거나 회피하지 않고 직접 잘 다룰 수 있다.

정서 기억은 예고 없이 찾아오기에 갑작스럽게 강한 감정 상태에 빠질 수 있다. 따라서 감정을 조절할 심리적 자원이 충분할수록 감정에 덜 휘둘리고 완전히 사로잡히지 않는다. 감정적 반응이 커지면 시간이 지났는데도 왜 더 나빠지지라는 걱정에 다시 불안해질 수 있다. 이럴 때 즉각적으로 자신을 도울 수 있는 구체적인 방법을 갖추고 있다면 강한 감정 상태를 낮출 수 있고 보다 효과적으로 행동할 수 있다.

자기 진정 기술

호흡법

감정적 상태에 빠질 때 호흡법을 해주면 간단한 방법으로 몇 가지 효과를 볼 수 있다. 호흡법은 불안이 증가할 때 수동적인 상태로 있기보다는 능동적으로 뭔가를 할 수 있게 해준다. 특히 즉각적으로 실제적인 이완을 촉진해서 불안으로 치닫는 전형적인 반응의 고리를 통제할 수 있다.

정서적 안정을 촉진하려면 호흡을 잘 조절해야 한다. 불안이 커지면 스트레스 반응 때문에 가운데 위쪽의 가슴으로 얕고 빠른 호흡을 하게 된다. 이렇게 숨을 쉬는 것은 신진대사의 효율성을 낮추고 자연 치유 능력을 억제한다. 이때 의도적으로 느린 호흡을 하면 순간순간 올라오는 감정에 압도당하지 않을 뿐만 아니라 이완을 유도하여 진정 기능을 촉진한다. 단순한 방법이지만 자주 할수록 강한 감정의 둔감화를 돕고 심리적 안정에도 도움이 된다.

- ❖ 의자에 편안히 앉아 팔은 옆으로 내려놓거나 무릎 위에 올려놓는다.
- ❖ 코로 편안하게 깊이 숨을 들이쉰 다음, 잠시 멈춘 후 입으로 천천히 내쉰다.
- ❖ 서너 번 반복 실시하며 심리적 안정을 돕는다.

점진적 근육 이완법

신체적 이완은 심리적 안정에 도움이 된다. 대표적인 방법으로는 미국의 생리학자이자 의사인 에드먼드 제이콥슨Edmund Jacobson이 개발한 '점진적 근육 이완 훈련'을 들 수 있다. 들숨에 의도적으로 몸의 각 근육을 긴장시킨 후 긴 날숨으로 이완하며 불안 수준을 조절하는 방법이다. 몸의 각 부위를 이동하면서 근육의 긴장과 이완을 반복하다 보면 불안이 완화되고 심신이 안정된다.

- ❖ 바닥에 등을 대고 편안히 눕는다.
- ❖ 눈을 감고 천천히 심호흡을 3~5번 하면서 호흡을 가다듬는다.

❖ 숨을 들이마시면서 발바닥을 바닥에 닿을 듯이 아래로 움직이면서 긴장된 근육을 관찰한다.

❖ 숨을 내쉬면서 발바닥의 긴장을 풀고 이완된 근육을 관찰한다.

❖ 숨을 들이마시면서 다리 근육을 긴장시켰다가 숨을 내쉬면서 긴장을 푼다.

❖ 같은 방법으로 들숨에 근육을 긴장시키고, 날숨에 이완하면서 발끝에서 머리끝까지 천천히 반복한다.

벤슨 이완법

하버드대학교 의과대학의 허버트 벤슨Herbert Benson 박사가 개발한 '벤슨 이완법'은 자신에게 필요한 짧은 단어나 좋아하는 문장을 선택한 후, 눈을 감고 호흡에 집중하면서 해당 문구를 반복해서 읊조리며 심리적 안정을 돕는 방법이다. 몇 차례의 간단한 시도만으로도 강한 감정적 상태를 조절할 수 있다.

❖ 자신에게 필요하고 의미가 와닿는 단어나 문장, 소리를 선택한다.

❖ 편안한 자세로 앉아 눈을 감고 몸의 긴장을 풀고 호흡에 집중한다.

❖ 숨을 내쉴 때 선택한 단어나 문장, 소리를 조용히 반복해서 읊조린다. 이때 잘하든 못하든, 잡념이 떠오르든 대수롭지 않게 여긴다.

❖ 10~20분 계속한다.

안전한 장소 시각화

심리적 안정을 도모할 때 중요한 대처 전략이다. 마음을 진정시킬 수 있는 평화롭고 안전한 장소를 상상하는 것만으로도 우리는 언제든 자기 진정을 할 수 있다. 머릿속에 평화롭고 이완이 되는 장면을 떠올리면 심신의 긴장이 낮아진다. 이를 위해 안전하고 편안하게 느끼는 실제 장소나 가상의 장소를 생각해보자. 그리고 마음의 눈으로 마치 그곳에 있는 듯 세세하게 관찰하며 느껴본다. 시각화를 시작하기 전에 안정감을 주는 장소나 공간을 탐색하고 그곳에서 느끼는 감정을 살펴본다.

❖ 나에게 안전한 장소와 느낌을 적는다.

내게 안전한 장소는 _____

내가 안전한 장소에서 느끼는 것은 _____

❖ 편안히 앉아 마음의 눈으로 안전한 장소를 그려본다. 이때 시각, 후각, 청각, 미각, 촉각 등 공간이 주는 감각 기억에 주목한다.

예를 들면 "창밖으로 무엇이 보일까?", "그 공간에서는 어떤 냄새가 날까?", "그 공간에 누구와 있으면 좋을까?" 등과 같이 모든 감각 기억을 동원하여 시각화한다.

정서 반응을 조절하는 호흡법이나 이완 훈련, 시각화 기법은 불안이나 긴장을 평온함과 안정된 상태로 능동적으로 전환하는 데 도움이 된다. 이러한 자기 조절 경험은 정서 기억에 대한 자기 효능감에 영향을 준다. 어떤 어려움이든 자신에게 해결할 능력이 있다는 느낌은 회복하는 데 중요하다. 불안을 떨치고 심리적으로 회복하려면 구체적인 해결 방법이 필요하고 정서 조절 기법을 사용하면 회복을 더 촉진할 수 있다.

심리적 안정화를 돕는 방법

주의 전환하기

과도한 정서적 각성은 내적 경험에 대한 자가 몰입 경향성을 높인다. 자신의 감정에 몰두하면 더 높은 수준의 감정 상태에 놓일 수 있으므로 의도적으로 주의를 외부로 전환하는 게 좋다. 주의를 외부로 전환한 후 천천히 호흡하거나, 가벼운 산책을 하면서 주의를 분산하거나, 오감 활동(소리, 맛, 향기 등)에 주의를 집중하며 심리적으로 안정되도록 돕는다.

자기 격려 대처 사고 사용하기

감정적인 상태일 때 진정시킬 수 있는 대처 사고로 정서적 강도를 줄이고 심리적 이완을 도울 수 있다. 아래는 대표적인 대처 사고 진술이다.

"이 상황은 영원히 지속되지 않아."

"난 이미 고통스러운 경험을 수없이 해봤고 모두 극복했어."

"이 또한 다 지나갈 거야."

"지금 이 감정 때문에 불편하지만 난 수용할 수 있어."

"불안하지만 내가 이 상황을 해결할 수 있어."

"난 지금 이 일을 해결할 수 있을 만큼 충분히 강해."

"두려움에 대처할 방법을 배울 좋은 기회야."

"난 충분히 견뎌낼 수 있고 이 일로 흔들리지 않아."

"난 지금 필요한 만큼 충분히 시간을 들여서 마음 편히 긴장을 이완할 수 있어."

"난 이전에 비슷한 상황을 극복했고 이번에도 극복할 거야."

"나는 불안/두려움/슬픔에 통제당하지 않아. 단지 지금 당장 즐거움을 못 느끼는 것뿐이야."

"이건 그저 감정일 뿐이고 결국 모두 지나갈 거야."

"때때로 슬픔/불안/두려움을 느껴도 괜찮아."

"지금 내 상황은 위험한 게 아니야."

"나는 강해. 그리고 해결할 수 있어."

호흡 마음 챙김

❖ 편안하고 안정된 자세로 앉아 등을 똑바로 펴고 어깨는 이완시킨다.

❖ 호흡에 주의를 기울이며 들숨과 날숨의 느낌이나 리듬, 감각을 알아차린
다. 호기심을 갖고 다정한 자각으로 현재의 순간을 느껴본다.

❖ 호흡할 때 숨이 들어갔다 나갔다 하는 것을 알아차리며 동시에 아랫배의
움직임을 느껴본다. 호흡에 주의를 기울이는 동안 다른 생각이 나서 마음
이 흩어지면 자연스럽게 다시 호흡으로 주의를 전환한다.

❖ 호흡과 신체 감각을 자연스럽게 알아차리며 내 안의 경험에 머물러본다.

❖ 호흡 마음 챙김을 마치면서 몸의 느낌과 앉아 있는 공간, 소리 등 현재의
순간을 알아차린다.

몸을 이완하는 마음 챙김

❖ 편안하게 누워서 몇 차례 호흡하며 몸의 긴장을 푼다.

❖ 숨이 되돌아나갈 때 이완하면서 모든 스트레스가 발끝을 통해 나가는 상 상을 해본다.

❖ 이때 마음속으로 '이완' 또는 '힐링'이라고 말해주면 좋다. 이제 오른쪽 발 바닥과 발등, 종아리, 허벅지까지 천천히 주의를 옮겨본다. 그리고 각 부 위를 지날 때마다 숨을 내쉬면서 "나는 지금 고요하고 편안해"라고 말한 다. 다른 어떤 말이라도 좋다.

❖ 긴장이 잘 풀리지 않으면 들숨보다 날숨을 길게 내쉬면서 반복한다. 그리 고 같은 방법으로 반대쪽도 이완해준다.

❖ 다음으로 양쪽 어깨와 팔, 손 등과 손바닥도 주의를 옮겨가면서 숨을 내 쉴 때 마음이 편안해지는 말을 한다. 좋아하는 단어나 문장이면 무엇이든 괜찮다. '이완'도 괜찮고 '행복'이라고 말해도 좋다.

❖ 이번에는 등과 엉덩이, 가슴과 배, 목과 얼굴 전체를 천천히 호흡과 함께 이완해준다. 마찬가지로 마음이 편안해지는 말을 충분히 해준다. 이때 몸 의 각 부위에 주의를 기울인다. 몸이 이완되는 느낌을 느껴본다.

나만의 안전지대 만들기

❖ 호흡으로 몸을 편안하게 해준다. 지금 나의 머리 위에 환히 빛나는 사랑
의 빛이 쏟아지고 있다고 상상해본다.

❖ 사랑의 빛이 나를 안전하게 감싸고 있는 이미지를 떠올려본다.

❖ 내 주변의 고마운 사람, 편안한 사람, 사랑하는 사람을 이미지로 그려본
다. 그분들이 서로 손을 잡고 내 주위를 울타리처럼 감싸고 있는 모습을
상상해본다.

❖ 그분들의 사랑의 에너지와 힘을 느껴본다. 지금 내게 보내는 격려와 용
기, 위로와 지지를 느껴본다.

몸은 고통을 기억한다

25세 수민은 지난해 남자 친구 동욱에게 성폭행을 당했다. 그 후 그와 헤어졌지만 그날의 기억이 악몽처럼 자신을 괴롭히며 계속 마음속을 떠돌았다. 그날 이후 특정한 순간이면 신체 감각이 과민하게 반응해서 고통받고 있었다. 예를 들어, 동욱이 사용하던 특정 향수 냄새를 맡으면 심장이 거칠게 뛰기 시작했고 숨이 가빠지며 땀이 났다. 그뿐만 아니라 동욱과 같은 색깔의 옷을 입은 사람을 보거나 동욱과 함께 방문한 장소 근처를 지나갈 때도 비슷한 반응이 일어났다. 그럴 때마다 자신이 다시 한번 성폭력 상황에 처한 듯한 느낌이 들어 극도의 공포에 휩싸였다. 외상 경험이 고스란히 감각적인 기억으로 남아서 일상에 지장을 초래하고 그날의 공포를 촉진했다.

*

혜진은 30대 초반의 여성으로, 2년 전에 파트너에게 성폭행을 당한 후 심각한 트라우마를 겪고 있었다. 혜진의 일상생활은 그 사건 이후로 변해버렸다. 혜진이 당시 성폭행을 당한 장소는 비 오는 날의 차 안이었다. 그날 이후 혜진은 비 오는 소리를 들으면 심장이 두근거리고 숨쉬기가 어려워졌다. 심지어 차량 내부에서 비가 창문에 부딪히는 소리만 들어도 불안감과 공포감이 급증했다. 또한 그날 밤 혜진이 입고 있던 옷과 같은 색깔의 옷을 보거나 입으면 갑작스러운 불안감과 공황 발작이 일어나 의도적으로 그 색깔의 옷을 피했다. 그날 밤 혜진이 타고 있던 차량에서 흘러나온 특정 음악도 여전히 강력한 트리거 역할을 했다. 그 노래만 들어도 숨쉬기가 어려웠고 식은땀이 나며, 다시 한번 그날 밤의 상황으로 돌아간 듯 느껴졌다. 현재 혜진은 전문가와 함께 외상 후 스트레스 장애 증상을 관리하고 있다.

수민 씨나 혜진 씨처럼 외상 경험이 감각적인 기억으로 남아 있다가 일상생활에서 여러 가지 자극에 과민하게 반응하는 피해자가 많다. 외상 후 스트레스 장애에서 감각 기억과 체화 반응(몸 반응)은 중요한 역할을 한다. 소리나 냄새 같은 특정 자극이 외상 경험과 연결되어 있으면 그 자극만으로도 교감 신경계가 활성화되어 스트레스 반응이 유발될 수 있다.

위 사례와 같이 성폭력 피해자가 가해자의 향수 냄새를 맡으면 몸은 '위협'에 대처할 준비를 하게 된다. 따라서 외상 후 스트레스 장애 치료에서는 이러한 강력한 체화 반응과 관련된 문제를 해결하는 것이 중요하다.

몸이 기억하는 외상 후 스트레스 장애

데이트 폭력의 피해자가 겪는 트라우마는 심리적, 정서적, 신체적인 영향을 미친다. 이러한 영향 중 하나로, 피해자는 자신의 몸과 마음이 과도하게 경계 상태에 들어가거나 '항진'되는 현상을 경험한다. 이를 '과각성' 또는 '과민성' 상태라고 하는데 '스트레스 반응' 또는 '비상사태 반응'으로 알려진 투쟁-도피 반응 때문에 일어난다.

어떤 위협이나 위험에 직면할 때, 우리의 신체와 마음은 자동으로 투쟁-도피 상태로 전환한다. 생존을 위한 본능적인 반응인데, 피해자들은 이런 스트레스 반응이 계속 활성화된 채로 지낸다. 즉, 피해자들의 몸과 마음은 계속해서 위험에 처해 있다고 인식하여 과도한 경계 상태를 유지한다. 그래서 일상의 작은 자극에도 과도하게 반응하며 특정 동작이나 상황만으로도 스트레스 반응이 커질 수 있다.

데이트 폭력으로 생긴 정신적 외상은 그와 관련된 감정과 신체 감각이 잠재적인 형태로 남아 일상에 지장을 초래할 수 있다. 신체적 폭력이나 원치 않는 성폭력 상황에 노출되면, 극적인 상황에서 벗어나거나 버티기 위해 긴장한 채 각성된다. 이때 느낀 몸의 감각이나 움직임 반응이 고스란히 남아서 오히려 근육이 긴장하면서 과민하게 반응하거나 감각이 둔화된다.

위협을 느끼는 상황을 통제하거나 제지하고 싶은 충동이 들지만 당시 물리적으로 제압당할 때의 불안과 공포, 긴장이 정서 기억으로 남고, 몸에는 그날의 사건에 대한 흔적이 감각 기억으로 남는다. 이후 충격이 컸던 당시 일을 떠올리는 것만으로도 자율 신경계가 항진되면서 신체가 민감하게 반응한다. 심지어는 특정한 자세나 움직임만으로도 자율 신경계가 빠르게 과각성되거나 저각성된다.

과각성되면 과민한 신체 반응 외에도 기억과 심상이 되살아나고 강한 감정 상태가 되며, 저각성되면 둔화된 신체 감각과 감정 반응으로 또 다른 유형의 고통을 겪는다. 이렇게 체화된 몸의 감각 반응을 다루려면 감각 단서를 알아차리고 몸과 마음의 경험과 연결된 감각에 변화를 줘야 한다. 이를 통해 과각성을 조절하고 저각성되어 둔화된 느낌에 대처할 수 있다.

과각성을 다루려면 몸의 각성 반응을 두려워하기보다는 자동적인 몸의 긴장을 알아차리고 이를 수용적으로 처리하는 것이 중요하다. 신체 감각에 민감하게 반응하게 되면 그 부위에 주의의 초점이 옮겨가면서 더욱 감각이 활성화된다. 이때는 부정적인 생각도 뒤따르는데 이는 각성 수준을 높이는 요인이 된다. 과각성이 되었을 때는 신체 감각을 알아차리며 호흡법이나 이완법으로 긴장 수준을 낮추면서 심리적인 안정을 주는 문장으로 각성 반응을 조절하는 게 좋다.

한편, 저각성된 상태에서는 신체나 감정의 둔화가 일어난다. 이러한 반응 경향성을 조절하려면 일상에서 기분을 나아지게 하거나 신체적인 편안함과 활력을 주는 활동을 늘려나간다. 이러한 활동을 하는 동안 이전과 같은 안정된 감각 경험이나 정서 반응이 바로 일어나지는 않는다. 하지만 서두르거나 포기하지 말고 반복해서 활동을 만들어가도록 한다.

마음 챙김, 있는 그대로 바라보기

심신의 안정을 촉진하는 대표적인 방법에는 자신의 경험에 주의를 기울이며 충만함을 느끼는 '마음 챙김mindfulness' 훈련법이 있다. 마음 챙김은 현재의 경험에 대한 자각을 촉진하고 심리적 안정을 돕는 데 효과적이다. 마음 챙김이란 '의도적으로 현재의 순간에 비판단적인 주의를 기울이는 것'을 말한다. 자신의 경험을 있는 그대로 인식하며 수용하는 과정을 통해 생각이나 감정, 신체 반응에 동요하지 않은 채 평온함과 견고함을 만들어나가는 훈련으로, 외상 사건으로 나타난 다양한 신체적 반응과 심리적 증상을 안정시키고 자기 가치감과 진정 기제를 증진하는 데 효과적이다.

특히 외상적 사건 이후 피해자들이 보이는 자책이나 비난,

자기혐오는 우울과 불안, 낮은 자존감에 영향을 주어 일상의 적응을 방해한다. 이를 위한 마음 챙김 자비 명상은 자신에 대한 너그러움과 관대함, 수용을 키우고 현존하는 자기self의 가치를 증진시켜준다.

외상을 경험한 피해자들은 일반적으로 자신을 탓하거나 부정적인 감정을 경험한다. 이러한 감정은 외상 후 스트레스 장애의 증상을 더욱 악화시키는데 자비 마음 챙김compassionate mindfulness은 이러한 부정적인 감정과 생각을 다루는 데 도움이 된다. 가령 성폭력 피해자가 "그 상황에서 제대로 대응했어야 하는데"라는 생각에 사로잡힌다면, 자비 마음 챙김을 통해 "그 순간에 내가 할 수 있는 최선을 다했어"라는 너른 마음으로 전환하여 자기 수용과 자애의 마음을 키워나간다.

자비 마음 챙김은 외상 경험과 그 경험이 만든 감정을 안전하게 인식하고 처리하는 능력을 향상시켜주기 때문에 외상 치료에서 중요한 치료적 접근 방법이다. 피해자가 자신에게 친절하고 이해심 있는 관점으로 접근하도록 도와준다. 아래는 자비 마음 챙김 연습법이다.

❖ 편안한 장소를 찾아 앉거나 누워서 몸과 마음을 편안하게 한다.
❖ 깊이 숨을 들이쉬고 천천히 내쉰다. 호흡에 집중하면서 몸과 마음이 점점 더 안정되는 것을 느껴본다.

❖ 이제 자신의 고통스러운 감정이나 생각, 기억을 떠올려본다. 어렵고 불편하겠지만 이제 그런 감정을 인정하고 받아들일 준비가 되었다는 것을 알아차린다.

❖ 그런 후, 자신에게 친절한 말로 위로의 말을 건넨다.
"그 당시 나는 할 수 있는 최선을 다했어."
"난 너무 어려운 일을 겪은 거야."
"내가 느끼는 감정은 당연해."
이런 말을 한 후, 마음속에서 일어나는 모든 감정(슬픔, 분노, 공포 등)을 알아차린다. 이때 일어나는 감정들도 타당하며 매 순간의 경험을 그대로 받아들인다.

❖ 마지막으로 다시 한번 깊게 숨을 들이마시며 천천히 내쉰다. 자신에게 친절함과 이해를 보여주었다는 사실을 인식한다.

외상적 경험을 한 후에는 외상을 생각나게 하는 외부 자극이나 내부 자극에 감각들이 비정상적으로 활성화된다. 따라서 자신의 신체 감각을 인지하는 게 중요하며, 새로운 대처 방법을 통해 조절해가는 과정은 자기 통제에 관한 긍정적인 자기감 형성에 도움이 된다. 이러한 자기 조절 훈련은 전문가의 도움을 통해 더욱 체계화될 수 있다. 구체적인 방법을 제공했을 때, 회복 과정도 빨라서 증상이 개선되도록 능동적으로 대처해야 한다.

자비 마음 챙김

❖ 편안하게 앉아 몇 차례 호흡하며 이완해준다.

❖ 지금 내 마음에 일어나는 일들을 알아차린다.

❖ 지금 나의 감정에 주의를 기울여본다. 감정은 마치 파도와 같다. 일어나
면 사라지고 다시 일어나곤 한다.

❖ 어떠한 감정이든 파도의 흐름처럼 느껴본다.

❖ 강한 감정을 느낀다면 있는 그대로 감정을 알아봐준다.

'나에게 슬픔이 있구나……'

'나에게 두려움이 있구나……'

❖ 그리고 나를 돌보는 따뜻한 말을 해준다.

'내가 편안하기를……'

'내가 행복하기를……'

'내가 건강하기를……'

우울의 터널에서 벗어나기

　마음이 우울할 때는 여러 인지적인 변화가 일어난다. 자신도 모르게 생각이 온통 부정적인 내용으로 채워지고 극단적인 생각 속에 빠지게 된다. 미래를 떠올리면 지금과 다를 바가 없다는 생각이 들면서 끝이 보이지 않는 터널에 갇힌 듯한 느낌이 든다. 이를 '터널 시야tunnel vision'라고 한다. 마치 터널 속에 있으면 다른 것이 보이지 않듯이 다른 조망이나 관점을 갖지 못한 채 마음이 닫히는 상태를 말한다. 또한 여러 부정적인 생각이 반복해서 일어나고, 자신을 향한 자책과 비난이 이어지면서 자신감이 낮아지고 심리적으로 위축된 상태가 지속된다.

우울할 때 나타나는 전형적인 사고 양식 다루기

자기 비난 멈추기

자기 자신과 주변 상황, 미래를 부정적으로 생각하게 된다. 이를 우울증의 대표적인 인지 삼제cognitive triad라고 한다. 특히 부정적인 자기 평가가 나타나는데 "나는 무가치해", "난 무능력해", "모든 게 내 탓이야"라고 여기며 문제의 원인을 자신에게 돌리는 자기 비난이 일어난다. 자기 비난은 우울의 전형적인 패턴이다. 자기 비난이 지속되면 자존감이 낮아지고 삶의 동기와 의욕이 저하되기에 생각의 내용을 관찰해야 하며 자신을 무력화시키는 생각에 동일시되지 않도록 한다. 평소 부정적인 생각이 일어나면 자주 하는 습관적인 '자기 언어'를 긍정문으로 전환해보거나, 하나 이상의 대안적인 사고를 통해 다양한 관점으로 생각해보자.

"Stop"이라고 말하자

우울할 때는 특정 사건을 곱씹어보는 '반추 사고'가 나타난다. 반추 사고에 빠지면 늘 같은 주제를 맴돌며 벗어나지 못한다. 그러다 보니 새로운 대안을 찾기 어렵고 반복되는 생각에 우울과 불안 수준이 높아진다. 이때는 단순히 생각을 차단하는 것으로도 감정 조절에 도움이 된다. 가령 생각이 일어날 때마다

'stop'이라고 말하거나 자신만의 '사고 중지 단어'를 만들어 생각을 통제해본다. 이는 인지 치료에서 사용하는 '사고 중지법'으로 연쇄적으로 일어나는 생각을 조절하는 데 도움이 된다.

이 생각이 합리적인가?

우울한 기분에 영향을 미치는 '비합리적 신념'을 탐색한다. 비합리적 신념이란 자신과 타인 및 세상에 대한 비현실적 기대와 가정을 말한다. "사람들은 모두 친절해야 해", "난 항상 존중받아야 해", "친구라면 늘 이야기를 들어줘야 해", "부모님은 항상 날 이해해줘야 해"와 같은 당위적 사고가 일어난다. 이때는 자신의 신념에 대한 유용성과 타당성을 객관적으로 살펴보자. 가령 "이 생각이 도움이 되는가", "이 생각이 과연 합리적인가", "이 생각이 문제 해결에 효율적인가", "다른 가능한 대안적 생각은 없는가?"와 같은 질문으로 비합리적 신념을 논리적으로 검토한다.

긍정적인 경험의 빈도를 늘리자

부정적인 사건에만 주의를 기울이는 '선택적 주의'가 일어난다. 부정적인 단서에 주의를 기울이면 기분 저하와 의욕 저하, 우울한 감정이 지속될 수 있다. 이를 우울 편향적 사고라고 한다. 극복하려면 의도적으로 긍정적인 사건에 주의를 기울이며 주의의 균형을 유지해야 한다. 최근의 우울증 연구를 보면, 우울한 사람들은 긍정적인 사건에 주의를 기울이는 정도가 일반인에 비해 낮다고 한다. 그러니 부정적인 감정을 줄이려 애쓰기보다는 긍정적인 경험의 빈도를 늘리며 그 순간에 집중하자.

자기 비난 멈추기

❖ 습관적으로 자주 사용하는 자기 비난의 말을 찾아본다.

예) "모든 게 내 탓이야."

"나는 실패자야."

"정말 어리석고 바보 같아."

· 습관적인 자기 비난 _____

· 습관적인 자기 비난 _____

· 습관적인 자기 비난 _____

❖ 자신을 조력할 수 있는 긍정적인 자기 대화로 바꿔본다. 자신이 잘해낼

수 있도록 용기와 의지를 북돋는 말로 대체한다.

· 긍정적인 자기 대화 _____

· 긍정적인 자기 대화 _____

· 긍정적인 자기 대화 _____

자기 대화 수정하기

❖ 화가 날 때 혼잣말 _____

새로운 혼잣말 _____

❖ 불안할 때 혼잣말 _____

새로운 혼잣말 _____

❖ 울적할 때 혼잣말 _____

새로운 혼잣말 _____

❖ 평소의 혼잣말 _____

새로운 혼잣말 _____

난 부끄러운 존재가 아니야

수치심은 내적, 외적 두 가지 방향에서 각기 다른 방식으로 나타난다. '외적 수치심'의 상태에 빠지면 자신을 무시하거나 거부한다고 생각하는 사람에게 공격적인 태도나 행동을 보일 수 있다. '내적 수치심'의 상태에서는 자신을 부정적으로 평가하거나 비난하는 태도를 반복한다.

외적 수치심이 높은 사람은 "날 나약하고 무능한 사람으로 보겠지"와 같이 다른 사람이 자신을 어떻게 볼지 신경을 쓰며 타인의 반응을 의식한 채 지낸다. 이 경우 다른 사람이 자신을 수용하고 존중하는지에 민감해진다.

내적 수치심이 높은 사람은 "이 상황에서 뭘 어떻게 해야 할지 모르겠어. 난 너무 무능하고 한심해"라고 여기며 자기 무력감과 무능감에 빠진다. 이때는 습관적이고 자동적인 자기 부정의 생각과 언어를 살펴보자. 자기 자신에게 가하는 부정적인 내면의 목소리가 자신도 모르게 수치심을 자극하고 있을 수 있다.

자존감의 덫

수치심은 자존감에 영향을 주는 요인이다. 자존감이란 자신을 귀하고 소중하게 대하는 마음으로 자존감 수준을 높이려면 자신에게 호의적이고 관대해야 한다. 자존감은 상황에 따라 달라지는 유동적인 측면이 있다. 그날의 상황이나 기분, 다른 사람의 말이나 행동 등에 따라 달라질 수 있는데, 이를 '상태 자존감 state self-esteem'이라고 한다.

따라서 자존감 수준에 지나치게 신경을 쓰면서 "자존감이 낮아져선 안 돼" 혹은 "자존감이 높아야 뭐든 할 수 있어"라고 생각한다면 오히려 사소한 변화에도 심리적 유연성이 낮아질 수 있다. 자존감에 관한 당위적인 생각은 심리적 경직성을 만들어 오히려 자신을 옭아매는 덫이 될 수 있기에 자존감에 집착하지 않는 마음의 태도가 중요하다.

비교는 자존감을 갉아먹는다

타인과의 상향 비교는 대개 부정적인 감정에 영향을 준다. 타인의 말이나 행동으로 자기 동기가 강화되는 것을 '모델링 효과'라고 한다. 그러나 대부분의 상향 비교는 '그림자 효과' 때문에 상대적 박탈감을 느낀다. 다른 사람들이 자신보다 더 나은 삶의 조건을 가졌다는 생각에 오히려 좌절하거나 낙담한다. 반대로 하향 비교는 자신보다 더 안 좋은 상황의 사람들을 볼 때 자기가 처한 상황이 나쁘지만은 않다고 느끼는 경우를 말한다.

선행 연구를 보면 하향 비교를 하는 사람들의 주관적 만족감과 행복 수준이 비교적 높다고 한다. 그러나 중요한 점은 상향 비교든 하향 비교든 모든 비교는 상대적 위치를 통한 자기 인식에 영향을 미친다. 그러니 자신을 비교나 평가의 대상으로 두지 않고 있는 그대로 받아들일 수 있어야 자존감도 높아지고 자신감도 커진다.

불안이 나를 잠식하지 않도록

불안 수준이 지나치면 과도한 각성과 긴장 상태가 지속된다. 그 결과 심리적으로 예민해지고 신체적으로도 피로감이 쌓이며, 수면의 질과 주의 집중력이 저하되어 일상생활에 지장을 초래한다. 이는 '신경증적 불안' 상태에서 흔히 일어나는 증상이다.

신경증적 불안의 특징

신경증적 불안의 특징을 살펴보면 다음과 같다.

첫째, 일어나지 않은 일을 지나치게 걱정한다. 이를 '예기 불안anticipatory anxiety'이라고 한다. 미래의 결과를 낙관적으로 보기보다는 부정적으로 예측하거나 심지어 최악의 경우를 상상하며 두려움에 빠진다.

둘째, 특정 상황을 겪는 동안 불안 수준이 상황에 맞지 않게 지나치게 높게 나타난다. 이때는 불안에 압도되어 여러 신체 증상이 나타날 수 있다.

셋째, 불안한 상황이 지나간 후에도 쉽게 심리적으로 회복되지 않는다. 긴장이 지속되는 동안 또 다른 걱정이 일어나서 불안이 오히려 더 커지는 경향이 있다.

신경증적 불안 상태에서는 상황적 요인은 과대평가하고 자신의 대처 능력은 과소평가하는 경향이 두드러진다. 자신의 통제 능력을 낮게 보며 실패의 가능성이나 일어날 위험성을 크게 평가하다 보니 회피 행동이 잦아진다. 신경증적 불안의 가장 큰 문제는 자신의 부정적 예측과 다른 결과가 나올 수 있는데도 경험할 기회를 스스로 차단한다는 데 있다. 따라서 신경증적 불안이 일어나는 상황을 탐색하고 여기에 효율적으로 대처할 방법을 마련해야 한다.

불안한 마음을 다스리는 방법

호흡을 통한 시각화

천천히 호흡하면서 호흡에 실려 불안과 괴로움이 사라진다고 상상하면서 마음의 안정을 찾아보자.

❖ 눈을 감고 천천히 숨을 내쉬고 들이쉬면서 몸의 긴장을 푼다.

❖ 들숨과 날숨에 집중하면서 호흡하는 동안 몸의 감각과 느낌을 알아차린다.

❖ 이제 마음에 담긴 감정이 날숨에 실려 발끝으로 빠져나간다고 생각한다.

❖ 이 과정을 여러 차례 반복하면서 "지금 나의 괴로움이 사라진다"라고 생각한다.

❖ 감정을 색이나 빛으로 바꿔보며 고통이 사라지면서 치유되는 상상을 해봐도 좋다.

내부 구원자 찾기

자신을 지지해주고 위로해주는 존재를 떠올리면서 위안받고 이해받는 상황을 상상해본다. 그리고 그 사람과 자신이 연결되었다고 느끼면서 불안한 마음에서 벗어나보자.

❖ 숨을 내쉬고 들이쉬면서 몸을 편안하게 이완하며 긴장을 내려놓는다.

❖ 자신을 지지해주고 이해해주는 자애로운 누군가를 떠올려본다.

❖ 그 사람은 당신을 깊이 염려하며 지금의 슬픔에서 벗어나 행복해지기를 바라고 있다.

❖ 지금의 걱정과 불안을 극복하기 위해 그 사람에게 조언을 구한다.

❖ 그 사람의 지지와 격려 속에 대상과 연결감을 느껴본다.

신체 접촉 위안

사람은 말없이 손을 잡아주고 어깨를 다독여주는 것만으로도 위안받는다. 자신의 가슴을, 어깨를 쓰다듬고 두드리면서 스스로 격려하고 위로해보자.

❖ 편안한 자세로 앉아 몇 차례 호흡하며 안정을 위한 준비를 한다.

❖ 오른손을 왼쪽 가슴 위에 올려놓는다.

❖ 왼쪽 가슴을 위아래로 쓰다듬는다. 손바닥이 가슴 부위에 닿는 느낌이나 손길의 감각을 느껴본다.

❖ 두 팔로 양쪽 어깨를 감싸며 몸의 느낌이나 감각을 있는 그대로 느낀다.

❖ 손바닥으로 가볍게 어깨를 두드린다. 자신을 위로하고 격려하는 마음으로 감싸 안아줘도 좋다.

미소와 함께하는 마음 챙김

❖ 눈을 감고 몇 차례 호흡한다. 호흡하는 동안 들숨과 날숨의 느낌이나 감각에 주의를 두고 그대로 느껴본다.

❖ 이제 몸의 긴장을 내려놓고 입가에 미소를 짓는다. 미소의 에너지가 얼굴과 몸 전체로 퍼져나가는 것을 상상해본다. 그리고 미소 짓고 있는 자신의 모습도 떠올려본다.

❖ 내 몸 전체가 미소 짓고 있다고 상상해본다.

❖ 나의 미소가 내 몸 가득히 퍼지고 공간 전체로 퍼져나간다고 생각해본다.

❖ 건포도 한 알을 손바닥 위에 올려놓는다. 지금까지 알고 있던 건포도에 관한 생각을 내려놓고 호기심을 갖고, 마치 지금 처음 대하듯이 관찰해 본다.

❖ 손으로 만져보면서 그 느낌을 알아차려본다. 불빛이나 햇살에도 비춰본다. 다시 손바닥 위에 올려놓고 가만히 바라본다.

❖ 지금 손 위에 놓이기까지 지나온 건포도의 여정을 떠올려본다. 많은 사람의 노력과 사랑, 햇살과 대지, 자연을 품은 단 하나의 건포도가 지금 당신과 함께 있다.

❖ 이제 코로 가져가 향기를 느껴본다.

입가 가까이 가져다 놓는다.

입에 넣고 천천히 음미하며 맛을 느껴본다.

입안에서 느껴지는 모든 경험을 알아차려본다.

인지적 시연

❖ 눈을 감고 편안히 앉아 몸의 긴장을 내려놓는다.

❖ 요즘 나에게 용기가 필요한 일, 도전이 필요한 일, 의지가 필요한 일 중에 서 한 가지를 떠올려본다.

❖ 마음의 눈으로 그 일을 차분하게, 성실하게, 지혜롭게 잘해내는 자신의 모습을 그려본다. 편안하게 호흡하며 자신의 모습에 집중해본다.

❖ 자신의 모습을 바라보며 가장 필요한 격려와 용기, 지지의 말을 해준다.

❖ 편안하게 숨을 길게 내쉬면서 이완해준다.

수면이 해결되면 민감성도 줄어든다

불면증이란 쉽게 잠들지 못하는 상태를 말한다. 강한 스트레스 상황에서 과잉 각성된 상태가 지속되면, 대개는 밤에 쉽게 잠들지 못하거나 잠이 들더라도 밤중에 깨서 다시 잠들기 어렵다. 아니면 너무 일찍 잠이 깨서 원하는 기상 시간까지 잠을 자지 못하기도 한다. 이렇게 수면이 부족하면 낮 동안에 과도한 피로감이나 주의 집중 곤란, 기분 저하 등을 겪는다. 간헐적이라면 낮 동안의 기능 저하가 크지 않겠지만 반복된다면 일상에서 불편을 겪을 수밖에 없다. 불면증은 수면 장애이기에 그대로 내버려두면 만성적인 수면 문제가 나타날 수 있다. 수면 문제 개선은 심리적 안정을 유도하고 자극 민감성을 줄이는 데 도움이 된다.

불면증을 만드는 습관들

잠을 못 자서 힘들다고 하는 사람의 생활 습관을 살펴보면, 불면증을 유도하는 습관이 꽤 있다. 특히 현대 사회에는 잠을 방해하는 요인이 다양하여 잠을 청하기 전에는 수면에 방해받지 않도록 주의해야 한다. 다음은 불면증을 만드는 습관이다.

❖ 밤에 못 잔 잠을 보충하려고 침대에 계속 누워 있거나 낮잠을 잔다 (낮잠은 오후 4시 이전, 45분 이내가 좋고 낮잠보다는 가볍게 긴장을 이완하는 명상이나 산책이 좋다).

❖ 억지로 잠을 청하며 수면에 신경을 쓴다.

❖ 침대에서 책을 읽거나 TV나 휴대폰을 보며 긴장을 풀려고 한다.

❖ 잠이 오도록 술을 마신다.

❖ 불면증으로 생긴 누적된 피로를 풀려고 낮에 카페인을 섭취한다.

❖ 불면증 때문에 피로하다는 이유로 신체 활동이나 운동을 거의 하지 않는다.

수면 문제를 다루는 방법

수면 주기 리듬을 리셋하라

우리의 생물학적 주기 리듬은 사람마다 다르다. 뇌에 깊숙이 자리한 24시간 주기의 체내 시계는 언제 잠을 자고 깰지에 영향을 미친다. 체내 시계는 밤과 낮의 일정한 시간에 피곤하다거나 정신이 또렷하다는 느낌을 생성하는 주기적인 리듬을 만들어낸다. 따라서 특정한 시간이 가까워지면 잠이 오거나 각성이 된다. 그렇기에 불면증을 해소하려면 일정한 수면 관리 계획을 잘 세워야 한다.

멜라토닌 분비를 방해하지 말자

멜라토닌은 잠을 잘 시간을 조절하는 기능을 한다. 밤이 되면 수면 주기 리듬의 작용으로 멜라토닌이 분비되어 뇌의 각성 유발 물질을 억제하고 점차 잠에 취할 준비를 한다. 그런데 밤에 밝은 빛에 노출되면 멜라토닌 분비가 억제되어 뇌는 각성 상태를 유지한다. 따라서 잠들기 전에 여러 활동을 하며 빛의 자극을 받으면 잠들기 어려울 수 있다.

수면 민감성을 줄이자

수면에 지나치게 신경을 써도 자율 신경계의 과다 각성을 초래하여 빨리 잠드는 데 방해를 받는다. 이렇게 되면 잠을 잘 수 없는 상태가 되어서 몸이 피곤한데도 쉽사리 잠들지 못하는 악순환이 생긴다. 또한 밤에 잠을 잘 못 자면 부족한 잠을 주말에 보충하려고 늦게까지 잠을 자는 경우가 많은데, 평소 불면증이 있다면 오히려 수면 주기 리듬을 방해할 수 있어서 기상 시간에 변화가 크지 않는 게 좋다. 이렇게 하면 하루 중 적정한 시간에 집중하거나 잠드는 데 어려움을 초래할 수 있고, 이를 '사회적 시차social jet lag'라고 한다. 마치 여행자가 여러 시간대의 기상으로 수면 교란이 생기는 현상과 같다.

수면 압력을 잘 조정하자

수면을 잘 다루려면 '수면 압력'을 이해해야 한다. 우리가 깨어 있는 동안에 뇌 속에는 아데노신adenosine이라는 화학 물질이 축적된다. 이 물질이 쌓이면 수면 압력이 생겨 잠을 자고 싶은 욕구가 생긴다. 아데노신의 농도가 정점에 이르면 수면 압력이 커지는데 대개 사람들은 깨어난 지 12~16시간이 지나면 수면 압력 상태에 도달한다.

깨어 있는 시간이 길면 길수록 수면 압력도 높아지는데, 낮잠을 자는 것과 같은 행동을 하면 수면 압력이 감소하여 밤에 잠을 자기 어렵다. 특히 카페인은 아데노신 길항제여서 아데노신 활동을 막는다. 당연히 취침 시간 가까이 카페인을 섭취하면 수면에 방해가 된다.

낮 동안 스트레스를 줄이자

수면 관리를 위해 신경 써야 할 중요한 요인은 바로 스트레스다. 낮 동안에 경험하는 스트레스가 누적되면 생리적, 인지적, 행동적 변화가 일어난다. 이러한 변화는 만성 불면증의 발병과 유지에 영향을 준다. 자신만의 특정한 스트레스 상황을 잘 파악하여 해당 자극을 줄이거나 해소할 방법을 찾는 게 좋다.

수면에 대한 강박적 생각을 전환하자

편안하게 잠을 자고 싶다면 수면에 대한 습관적인 생각을 잘 다뤄야 한다. 자신의 내면에 있는 수면 문제에 대한 강박적 생각을 찾아서 수정해보자. 다음은 수면을 방해하는 대표적인 강박적 생각이다.

❖ 불면증 때문에 불안하고 때로는 두렵다.

　불면증을 걱정하면 할수록 불안은 줄어들지 않고 오히려 각성 수준만 높아져서 더욱 잠을 못 자게 된다.

❖ 잠을 못 자면 다음 날 낮에 제대로 생활할 수가 없을 거 같다.

　잠에 대한 부정적인 예측은 수면 민감성을 키운다. '컨디션이 안 좋으면 어떻게 하나'라고 신경 쓰다 보면 민감해져서 잠을 더욱 방해할 뿐이다. 몸의 긴장을 풀고 이완, 명상, 낙관적인 생각으로 활력과 리듬을 끌어올려본다.

❖ **일상생활을 효율적으로 잘해내려면 반드시 7~8시간을 자야 한다.**

수면 시간에 대한 강박은 그보다 적은 양의 수면 시 스트레스를 키우는 원인이 된다. 일의 효율성과 수면을 인과적으로 연결 짓기보다는 '일의 효율성을 높이려면 오늘 어떻게 지내볼까?'를 생각한다.

❖ **낮 동안 생활을 제대로 못 하는 것은 불면증 탓이 크다.**

낮 동안에는 여러 스트레스 자극으로 신체 리듬이 일정치 않다. 원인을 불면증으로 돌리면 수면 강박이 지속될 수 있다. 그보다는 일상의 스트레스를 관리하는 게 좋다. 낮 동안의 스트레스를 줄이는 것은 수면 관리에 무척 중요하다.

불면증 자가 점검 리스트

다음의 항목 중에서 자신에게 해당하는 항목이 몇 개나 되는지 체크해보자.
네 개 이상이라면 불면증일 가능성이 크다.

❖ 밤에 잠들기까지 30분 이상 걸린다.　　　　　　　　　　　　 ──

❖ 잠을 잘 자기 위해서 많은 노력을 한다.　　　　　　　　　　 ──

❖ 잠들기 위해서 술을 마시거나 수면제를 먹어본 적이 있다.　 ──

❖ 휴일에는 주로 잠을 자며 보낸다.　　　　　　　　　　　　　 ──

❖ 잠자리에 비교적 민감한 편이다.　　　　　　　　　　　　　 ──

❖ 자는 도중에 잠을 깨면 다시 잠들기가 쉽지 않다.　　　　　 ──

❖ 원하는 시간에 잠들어도 너무 일찍 잠이 깬다.　　　　　　 ──

❖ 낮에 항상 피곤하고 특히 점심 식사 후에는 너무 졸린다.　 ──

❖ 항상 꿈이 많고 깨고 나서도 대개는 기억이 난다.　　　　 ──

❖ 늘 수면 걱정에 시달린다.　　　　　　　　　　　　　　　　 ──

건강한 수면을 위한 행동 습관 만들기

❖ 매일 같은 시간에 잠자리에 들고 일어난다. 일어나는 시간과 잠자리에 들 시간에 알람을 맞춰놓는다.

❖ 운동을 너무 늦게 하지 않는다. 운동은 잠들기 전 2~3시간 안에 마친다.

❖ 카페인과 니코틴을 피한다. 카페인 효과가 사라지는 데는 여덟 시간까지 걸릴 수 있다. 오후 늦게 마신 카페인은 밤잠에 영향을 준다. 니코틴도 자극제여서 얕은 잠을 잘 수 있다.

❖ 알코올로 잠드는 습관을 없앤다. 때로는 소량의 알코올이 긴장을 푸는 데 도움이 되지만 지나치거나 반복되면 렘수면에 영향을 주거나 얕은 잠을 잘 수 있다. 또한 습관화가 되면 알코올 없이는 잠들기 어려울 수 있다.

❖ 밤에는 음식을 많이 먹지 않는다.

❖ 잠자리에 들기 전에 긴장을 푼다. 만일 20분 넘게 잠이 안 오거나 불안과 걱정스러운 마음이 들면 졸음이 올 때까지 느긋하게 긴장을 푸는 활동을 한다. 명상이나 근육 이완, 호흡법 등으로 마음 상태를 편안하게 만든다.

❖ 매일 적어도 30분 정도는 자연광을 받는다.

수면을 돕는 마음 챙김

❖ 편안히 앉아 눈을 감고 두세 번 호흡하며 긴장을 내려놓는다.

❖ 호흡을 느끼며 내 몸의 각 부위를 가만히 알아차린다.

❖ 몸의 각 부위를 인식하며 '이완', '평화', '나는 편안하다', '나는 고요하다'와
  같은 진정을 돕는 단어나 문장을 읊조린다.

❖ 몸을 전체적으로 느끼며 편안히 들숨과 긴 날숨으로 이완한다.

주변에 외상 경험 꺼내놓기

외상 경험을 다른 사람에게 털어놓는 것은 매우 어려울 수 있다. 그렇지만 외상 사건과 관련된 고통스러운 감정과 생각을 회피하려고 시도할 때 오히려 괴로움이 더 커질 수 있다. 물론 외상 경험을 주변 사람에게 털어놓았을 때 오히려 상처를 받는 경우가 있다. 피해자를 비난하거나, 이해할 수 없어하거나, 이야기를 차단하는 등의 2차 피해가 생길 수 있다. 이럴 때 '절대 털어놓지 않았어야 했는데', '내가 어리석었어', '아무도 내 이야기에는 관심이 없구나'와 같은 생각이 들 수 있다. 외상 경험을 혼자 감당하기보다 가까운 주변 사람에게 이야기하는 것은 공감과 도움을 얻을 수 있어 중요하다. 따라서 외상 경험을 이야기할 대상과 어떤 관계인지, 누구에게 어떻게 이야기할지 고려해야 한다.

이야기할 사람과 나는 어떤 관계인가

외상 경험을 이야기할 사람을 선택할 때는 그 사람과 어떤 관계인지 잘 살펴본다. 가족이나 친구, 동료나 그 외 주변의 가까운 사람에게 마음을 털어놓기 전에 자신의 관계 가치에 맞는 사람을 선택한다. 이는 외상 경험을 이야기할 때 지지와 공감을 얻고 긍정적인 결과를 얻기 위한 중요한 과정이다. 만일 외상 사건을 이야기할 때 상대방이 자신과 가치관이 전혀 다르고 열린 마음으로 이해해줄 수 없는 대상이라면 적절한 선택이 아니다.

이야기할 사람과 나는 얼마나 친밀한가

주변 사람에게 외상 경험을 이야기한 후에 상대방의 반응에 후회나 자책, 수치심을 느끼는 경우가 있다. 따라서 주변 사람 중 친밀하다고 느끼는 사람을 선택해서 외상 경험을 이야기한다. 그 사람을 자신이 얼마나 가깝게 느끼는지는 아주 중요하다. 외상 사건에 대해 정서적인 지지와 도움을 받을 수 있는 사람, 생각과 감정을 솔직하게 말할 수 있는 사람을 선택한다. 외상 경험을 공유하는 과정에서 친밀감이나 수용, 안전감과 같은 긍정적인 경험을 할 수 있다.

이야기를 어떻게 할 것인가

외상 경험을 편안하게 이야기할 수 있는 대상을 선택했다고 하더라도 어떻게 이야기할지는 어려운 문제다. 외상 경험을 상대방에게 전할 때는 모든 상황을 그대로 털어놓아야 할지 말지 고민할 수 있다. 물론 처음부터 일어난 일을 모두 이야기할 수도 있고, 순차적으로 한 번에 하나씩 공유할 수도 있다. 자유롭게 선택하면 된다. 공개 범위는 자신에게 있으니 부담을 갖지 말자.

외상 경험을 상대방에게 이야기할 때 사전에 공유하려는 내용을 적어보는 것도 도움이 된다. 무엇을 이야기할지, 상대방이 어떻게 느낄지를 미리 생각해둔다. 또한 경험을 나눌 때 그 과정이나 결과에 열린 마음을 갖도록 준비한다. 외상 경험을 이야기하다 보면 상대방의 반응이나 피드백에 따라 더 많은 내용을 공유할 수도 있지만 그렇지 않을 수도 있다. 따라서 이야기하기 전에 여러 가능성을 고려하면 경험에 대한 수용성이 커지고 유연해질 수 있다.

이야기할 사람에게 원하는 것을 요청하자

외상 경험을 공유할 때 자신이 원하는 부분을 상대방에게 말하는 것은 상호 도움이 된다. 상대방이 어떻게 반응해야 할지 모를 수 있고 때로는 반응 경향성이 달라 더 적합한 피드백을 얻지 못할 수도 있다. 어떤 사람은 상대방의 이야기에 감정적인 공감과 수용 중심으로 교감하지만 또 다른 사람은 해결 방법이나 대응책 중심으로 이야기를 나눌 수 있다. 따라서 자신에게 필요한 부분이 무엇인지를 먼저 전달하면 대화 속 내용과 감정에 더 잘 교감할 수 있다.

나를 도울 사람은 바로 나

데이트 폭력의 피해는 정신적인 외상과 대인 관계의 변화, 자신에 대한 태도에 영향을 준다. 특히 반복적이고 불쾌한 여러 생각으로 가득 찬 일상이 지속되는데, 그러한 생각 중 상당수가 자신을 향한 부정적인 내용이다. 부정적인 생각과 자기 대화self-talk 때문에 자기 자신을 불완전하고 손상되거나 혹은 무너진 상태로 여기게 되는데, 가령 "나는 패배자야", "나는 할 수 없어", "나는 예전처럼 지낼 수 없을 거야", "나는 망가졌어", "아무도 나를 좋아하지 않을 거야", "내 미래는 희망이 없어"와 같은 내용에 갇힌다. 자신이 지어낸 이야기가 어느새 사실처럼 느껴지고 이는 우울과 슬픔, 절망을 초래한다.

외상 경험을 치유하는 데 자신에 대한 관점과 태도는 무척 중요하다. 자신에게 관대한 태도로 자비와 연민을 베풀지 않으면 자신을 부정적인 생각과 동일시하여 자기 자신을 돕지 못한다. 자신은 판단의 대상이 아니며 자기를 일으켜 세워줄 수 있는 가장 가까운 사람은 바로 자신이다. 그러니 켜켜이 쌓인 생각과 감정 밖으로 나와서 자신을 너른 마음으로 감싸 안으며 자애롭게 대해야 한다. 이러한 자기 수용적 태도와 관대한 연민은 외상 후 성장을 돕는 치유의 근원이다.

수용과 연민은 자신에 대한 열린 마음에서 비롯된다. 자신을 있는 그대로 수용하거나 관용을 베풀지 못하는 이유는 자신의 평가나 타인의 평가를 곧이곧대로 믿어버려서다. 자신에 대한 가혹한 평가를 선택하는 대신 자신이 비난받지 말아야 할 이유를 찾는다. 자신을 수용하고 연민으로 보살피는 데는 어떠한 조건도 필요치 않다. 조건을 두고 자신을 수용하거나 스스로 연민을 받을 자격이 없다고 여긴다면 오랜 시간 부정적인 자기상을 지닌 채 살아가게 된다.

따라서 습관적으로 일어나는 자기 부정의 생각이나 자신을 향한 비난의 내용을 잘 알아차려야 한다. 그래야 부정적인 생각 속에 사로잡히지 않는다. 자기 평가와 자신을 동일시하면 자신이 나아가고자 하는 방향대로 삶을 이끌 수 없다. 현재의 순간은 자신이 얼마든지 선택할 수 있다. 그러니 자신의 삶을 어떤 방향으로 나아가게 할지 생각해보자.

삶의 가치는 내가 만든다

삶의 가치는 누구나 생각해볼 수 있지만 가치에 기반한 삶을 살아가는가는 저마다 다를 수 있다. 가치란 삶의 동기를 부여할 뿐만 아니라 크고 작은 역경을 만날 때 나아갈 방향을 안내해주는 나침반과 같은 역할을 한다. 또한 삶의 딜레마를 다루는 과정에서 의미 있는 선택을 할 수 있도록 돕는 안내자가 되기도 한다. 즉, 자신이 나아가고자 하는 방향이 가치다. 여기에는 세부적인 목표가 생길 수 있고 행동이 포함될 수 있다. 다만, 가치란 그에 맞는 행동으로 실현해나갈 때 삶에서 의미 있는 경험을 늘려나갈 수 있다.

가치 있는 삶은 외부에서 오지 않는다

가치 있는 삶은 자신이 만들어나가야 하는 창조적인 과정이다. 외부에서 오는 게 아니다. 과거에 집착하거나 미래를 불안하게 여기며 지내는 동안 자신의 현재 삶은 무의미하게 지나간다. 따라서 어디에 방향을 두고 살아갈지 생각해봐야 한다.

가치 있는 삶은 특정한 결과에 도달하는 것이 아니라 그러한 결과를 꾸준히 추구하는 과정에 의미가 있다. 가치에 부합하는 삶은 자신이 선택한 경로를 따라가는 삶이다. 그런데 최종 목적지에 이르려면 경로를 조금씩 변경할 필요도 생기며 그 과정에서 다양한 감정과 경험을 기꺼이 감내해야 할 때도 있다. 심지어 항상 원하는 결과를 얻지 못할 수도 있지만 자신의 가치에 따른 삶을 살아갈 때 인생의 의미와 즐거움을 느낄 수 있고, 자유로움을 그 안에서 경험할 수도 있다.

가치를 명료화하기

자신의 가치를 구체적으로 찾으려면 원하는 가치를 찾기 위한 질문을 삶의 영역별로 해보는 게 좋다. 이렇게 하면 가치에 일치하는 행동을 계획하는 데 도움이 된다. 가족, 연인, 친구, 동료, 일, 여가, 영성, 건강 등으로 나눠서 살펴본 후에 그에 맞춰 행동을 계획해본다. 다음은 가치를 탐색하는 예시 문장이다.

❖ 나는 가족과 어떻게 지내고 싶은가?

❖ 나는 어떤 친구가 되고 싶은가?

❖ 내가 건강을 돌보는 이유는 무엇인가?

❖ 이 직업은 내게 어떤 의미가 있는가?

가치 탐색을 한 후에는 단기적이든 장기적이든 그에 맞는 목표 행동을 만들어 실천해간다. 가치를 명료하게 세우는 것 못지않게 실천 행동이 중요하다. 가치에 따른 행동을 계획할 때는 '○○하지 않기'가 아니라 '○○하기'로 세부적인 목표를 세운다. '다른 사람을 비난하지 않기'와 같은 목표 대신에 '다른 사람을 배려하기'로 계획한다. 가치 계획을 세울 때, 해서는 안 되는 일에 초점을 두면 긍정적인 경험이나 즐거움을 놓치기 쉽기 때문이다.

삶의 중요한 결정이나 방향이 가치와 연결되어 있다면 자신이 소중하게 여기는 것을 지켜낼 수 있고 자기만의 의미나 보람을 찾을 수 있다. 삶의 가치 수립은 다른 사람에게 보이려는 게 아니라 자기 자신을 위한 의미 있는 선택이다. 자신이 소중히 여기는 가치에 부합하는 행동을 해나갈 때 외상 경험을 치유하고 삶을 회복할 수 있다.

PART 05

트라우마를 딛고 성장으로

트라우마는 심리적으로 나약해서가 아니다

　친밀한 관계에서 일어나는 데이트 폭력은 외상 후 스트레스 장애, 즉 트라우마를 남긴다. 트라우마는 피해자에게 심각한 심리적 고통을 안겨준다. 데이트 폭력이라는 외상적 사건은 삶의 전반에 영향을 주기에 피해자는 여러 적응 곤란을 겪는데 분노와 죄책감, 무력감, 공포와 같은 부정적인 정서를 경험한다.

　주된 증상으로는 외상 사건과 관련된 고통스러운 기억이 침습적으로 일어나고 악몽, 과도한 경계와 놀람 반응, 수면 장애, 다른 사람에 대한 거리감이나 소외감, 외상 사건과 관련된 사람이나 장소의 회피, 사건과 관련된 기억의 억압이나 어떤 감정도 잘 느끼지 못하는 감정의 둔감화가 나타난다. 이러한 외상 증상은 외상 사건을 경험한 직후에 나타나는 경우가 대부분이지만 때로는 몇 개월 또는 몇 년 후에 나타나기도 한다.

트라우마는 마음에 생긴 고통이다

동일한 외상 사건을 겪더라도 심리적 증상과 회복은 개인마다 다르다. 이는 외상 후 성장에 큰 영향을 미친다. 외상 회복을 더디게 하는 위험 요인에는 '외상 중 요인peritraumatic factors'과 '외상 후 요인posttraumatic factors'이 있다. 외상 중 요인은 강한 스트레스 자극이나 정보에 지속해서 반복 노출되는 경우다. 이 시기에 주변이나 환경에서 2차 피해가 일어난다면 정신적 외상의 심각성은 더욱 커진다. 다른 위험 요인으로는 사회적 지지 체계의 부재나 사회적 안전망이 빈약한 경우로 외상 후 요인에 해당한다. 사회적 자원은 외상 극복에 무척 중요하며 회복적 과정을 촉진하는 요인이 된다.

트라우마는 심각한 상실감과 절망감을 초래한다. 마치 자신의 일부가 무너져버린 듯하고 시간이 지나면서 우울과 슬픔으로 인생의 의미를 잃어버리기도 한다. 또한 외상과 관련된 기억이 떠오를 때마다 자책과 비난으로 깊은 회의감과 슬픔에 빠진다. 따라서 주변의 애정 어린 관심과 사회적 보호 체계의 마련이 중요하다. 외상의 피해는 심리적인 그리고 신체적인 피해에서 회복하기까지 시간이 더디게 걸린다. 그러나 주변과 사회적 지원이 안정적으로 유지된다면 빠른 회복과 적응을 도울 수 있다.

트라우마 증상은 심리적으로 약해서나 개인에게 어떤 취약함이 있어서가 아니다. 강력하고 충격적인 사건 때문에 마음에 생긴 고통일 뿐이다. 그러므로 트라우마 회복을 위해서는 개인의 내적 측면에 초점을 두기보다는 회복을 돕기 위해 공동체가 어떤 노력을 기울여야 할지를 생각해봐야 한다.

특히 데이트 폭력은 매년 발생률이 증가하고 있지만 구체적인 예방 계획이나 피해자 지원을 위한 현실적이고 구체적인 방안은 여전히 미비한 상황이다. 데이트 폭력이 만든 신체적, 심리적 외상은 한 개인에게 국한된 문제가 아니다. 피해자가 속한 가족이나 주변 사람, 나아가 사회적 관계 전반에 장기적인 고통과 피해의 영향을 준다. 그렇기에 데이트 폭력은 사회적 문제이자 범죄라는 사실을 유념하면서 데이트 폭력이 만든 트라우마를 피해자들이 극복할 수 있도록 공동체 전체가 노력해야 한다.

양극단을 오가는 데이트 폭력 피해자의 심리적 후유증

데이트 폭력은 일반적으로 복합적인 외상 후 스트레스 장애를 남긴다. 이를 복합 외상 후 스트레스 장애complex PTSD라고 하는데 관계 외상으로 한 사람이 다른 사람에게 준 피해가 원인이다. 단일 외상과 달리 반복적이고 지속적으로 트라우마 상황에 노출되었다는 점에서 대부분 증상이 만성적이다. 반복적인 정서적 학대나 신체 폭력, 성적 학대를 통해 증상이 발현되며 관계에서 오는 트라우마 때문에 다른 대인 관계를 포함하여 여러 적응 문제를 초래한다.

어떤 형태이든, 혹은 언제 시작하든, 복합 외상은 보통 한 번만 발생하지 않는다. 트라우마가 지속되는 동안 강도가 커지며 매우 자주 반복된다. 한 가지 외상 형태는 또 다른 외상 형태로 확산될 수 있으며, 이는 안전과 희망에 대한 느낌, 사회적 관계나 공동체와의 연결, 자기 정체성과 자아감을 박탈한다.

관계에서 트라우마를 경험하면 복합적인 증상 때문에 높은 수준의 고통에 처한다. 잦은 분노, 슬픔, 소외감, 불신, 정서적 혼란, 낮은 자존감, 외로움, 수치심, 자기 경멸의 감정과 싸우게 된다. 결국 피해자는 외상과 외상이 준 강렬한 정서적, 심리적 고통의 홍수를 겪다가도, 모든 것에 무심해지고 어떤 감정도 표현하거나 느끼지 못한다. 이렇게 극단의 두 상태를 번갈아 오가면서 복합적인 감정에 사로잡힌 포로가 된다.

복합적이고 양극단적인 상태의 교차는 외상 후 스트레스 장애의 특징적인 패턴이다. 외상 상태에서는 자기 자신에 대한 부정적인 인식과 더불어 누구도 자신을 이해하거나 도울 수 없다는 느낌에 사회적인 고립이나 단절이 일어나기도 한다. 따라서 복합 외상에 대한 이해가 반드시 필요하다. 이를 바탕으로 모호하고 불확실한 증상에 대한 불안과 두려움을 극복하고 해결 방법을 찾아가야 한다. 이러한 과정은 외상을 극복하고 성장을 돕는 최선의 경로를 만드는 것과 같다.

복합 외상 후 스트레스 장애의 증상을 극복하고 자신이 가진 장점을 활용하며, 자원을 키워나가는 과정은 치유를 향한 올바른 여정이다. 우리는 트라우마 속에서도 의미 있는 선택을 할 수 있다. 본연의 가치를 되찾고 앞으로의 삶에서 모든 축복을 누릴 자격이 자신에게 있다는 사실을 잊지 말자.

외상 후 스트레스 장애의 다섯 단계

외상적 사건을 경험하면 일반적으로 5단계의 심리적 변화와 증상의 경과가 나타난다. 각각의 단계마다 증상은 단기적일 수도 있지만 만성적인 경과를 보일 수도 있다. 따라서 외상 증상을 단계별로 이해하고 조기에 개입해야 한다.

❖ 1단계 절규

충격이 지속되면서 극심한 고통과 스트레스를 경험한다. 외상 사건에 들어 있는 온갖 정보가 피해자에게 쏟아져 들어와 정보의 과부화 상태가 된다. 이 때문에 피해자는 극심한 두려움과 불안을 겪으며 외상 사건 이전의 일상적인 기능을 수행하기가 어려워진다.

❖ 2단계 회피

외상 경험을 떠오르게 하는 모든 자극을 피한다. 외상 사건과 관련
된 사람, 장소, 유사 자극에 회피 반응이 일어난다. 회피 단계 동안에
는 특정한 정보에 대한 기억을 억압하거나 받아들이기 힘든 정서적
고통을 부인하는 방어 기제가 나타나고, 그 결과 피해자의 정서나
각성에서 둔감화가 나타날 수 있다.

❖ 3단계 동요

외상 기억이 수시로 의식에 침습적으로 나타나서 고통스러운 감정
을 자주 겪는다. 외상 사건과 관련된 자극을 접하면 마치 그 사건이
실제로 일어나는 듯 느끼는 플래시백이나 악몽 같은 증상이 나타난
다. 그 결과 외상 사건과 관련된 기억이나 감정을 침습적으로 재경
험한다.

❖ 4단계 전이

외상과 관련된 정보가 점차 인지적으로 처리되면서 기존의 기억과
신념 체계에 통합된다. 이 과정을 촉진하려면 전문가의 개입과 개인
의 능동적인 참여가 필요하다.

❖ 5단계 통합

외상 경험의 의미와 자기 수용의 자원이 증진하는 단계다. 이 단계

동안 자신과 세상을 새롭게 인식하고 조망한다.

외상 증상의 치료에는 전문적이고 체계적인 과정이 필요하다. 따라서 스스로 감내하기보다는 주변에 증상을 알리고 치료를 통해 회복할 수 있도록 노력을 기울여야 한다. 특히 외상 사건 후, 한 달이 중요하다. 이 시기 동안에는 자극이 될 만한 여러 정보에 노출되지 않도록 조심해야 하며 주변에서도 심리적으로 소진될 만한 스트레스나 2차 피해를 줄일 수 있도록 적극적으로 노력해야 한다.

복합 외상 후 스트레스 장애의 주된 증상

❖ 극심한 기분 불안정성

❖ 사회적 고립, 소외, 타인과 거리두기

❖ 친밀함과 관계에 대한 두려움

❖ 과도한 의존성, 수동성

❖ 알코올 및 기타 약물 남용

❖ 과도한 위험 감수 혹은 성행위

❖ 섭식 장애(식욕 부진, 폭식증, 식욕 항진) 또는 감정적 섭식

❖ 충동성 혹은 무모함

❖ 자신이나 타인을 향한 조절되지 않는 분노 및 공격성

❖ 주의 집중 곤란

❖ 자해(우발적 혹은 고의적)

❖ 자살 사고, 자살 계획 혹은 자살 시도

❖ 정서적 무력감 및 외상을 상기시키는 것에 대한 회피

❖ 침습적인 사고와 생리적 과잉 각성

❖ 자기혐오를 포함하는 만성적인 낮은 자존감

❖ 경미한 정서적 고통에도 견디지 못하거나 회복되지 못하는 상태

❖ 자기 비난과 자책, 수치심, 죄책감

❖ 무력감과 무능함에 대한 지배적 감정

❖ 직업, 학업 유지 곤란

인지 왜곡을 딛고 내면의 안전지대 만들기

복합 외상 증상은 인지, 정서, 신체의 모든 영역에 영향을 미친다. 다양한 증상이 복합적으로 나타나서 두려움과 걱정, 불안이 가중되고 부정적인 태도를 형성한다. 때로는 일상으로 복귀해 비교적 잘 적응하다가도 특정 자극에 외상 반응이 활성화되면 과거 사건이 다시 떠올라 심리적, 신체적으로 무력해진다. 그러므로 복합 외상 후 스트레스 장애의 일반적인 증상을 이해하면 자기 객관화에 도움이 되고 증상에 따른 예방과 대처에도 유용하다.

외상으로 생긴 복합적인 증상은 개인의 정상적인 적응 능력을 방해하며 정신적 충격을 주는 사건은 신체적 혹은 심리적으로 극도의 스트레스를 준다. 충분히 처리되지 않은 채 뇌와 몸에 갇혀버린 외상은 의식에 침습하여 무작위로 경험하게 된다. 실제 위험이 지나간 후 몇 개월, 심지어 몇 년이 지난 후에도 외상 사건은 현재에도 계속 일어나듯이 되살아날 수 있다. 따라서 긍정적인 내적 자원을 의도적으로 개발하여 내재화해야 하며, 이는 자신이 외상 증상에서 안전하다는 사실을 느끼게 해주는 내면의 안전지대를 만드는 것과 같다.

"과연 내 상황이 좋아질 수 있을까, 라는 회의가 많이 들어요."

"가족들이 걱정하고 염려해주는데도 마음이 안 놓여요. 부정적인 생각만 들고요. 자포자기하는 심정으로 다 그만두고 싶어요."

"모든 게 다 제 잘못 같고 제가 너무 한심해요."

데이트 폭력이 만든 외상은 상황을 좀 더 객관적으로 인식하거나 정확하게 해석하는 데 영향을 준다. 특히 연인 관계에서 발생한 폭력적인 경험은 정신적인 외상으로서 인지 왜곡에 영향을 미친다. 인지 왜곡은 자신의 경험을 해석할 때 일관되게 발생하는 비논리적이거나 부정확한 사고 패턴이다. 특히 반복적으로 폭력을 당한 피해자가 자신의 상황을 바꿀 수 없다고 느끼면, 자신이나 미래의 일을 부정적으로 해석하고 그 해석에 갇힐 수 있다. 따라서 데이트 폭력 피해로 발생하는 인지 왜곡을 이해하고 그에 적절히 대처해야 데이트 폭력 피해자의 심리적 증상을 완화하고 일상의 적응 기능을 회복하도록 도울 수 있다.

생각 수정하기_폭력은 범죄야, 내 잘못이 아니야

데이트 폭력 피해자의 대표적인 인지 왜곡에 자기 비난Self-blaming이 있다. 자기 비난은 폭력의 원인을 자신에게 돌리며 "내 잘못이야", "내가 다르게 행동했다면 이런 일도 일어나지 않았을 거야"라고 생각하는 것을 말한다. 자기 비난은 대개 죄책감, 수치심, 두려움, 슬픔 등의 감정을 동반한다. 이러한 자기 비난은 부정적인 생각으로 채워져 있어서 상황을 이겨내는 데 필요한 효율적인 대처에 영향을 준다. 따라서 반복되는 부정적인 생각의 내용을 찾아 합리적으로 수정해야 한다.

가령 "결국 이 모든 일은 다 내 잘못이야"라는 생각이 들면 "폭력은 범죄야. 내 잘못이 아니야"라고 전환한다. 만일 합리적인 생각이 어렵다면 가까운 사람에게 조언한다고 생각하고 어떤 말을 할지 떠올려본다. 생각을 수정하는 일은 의도적인 노력과 여러 번의 연습이 필요하다. 그래야 습관적인 생각의 내용에서 자신을 지켜낼 수 있다.

나아가 '알아차림' 연습을 통해 자주 일어나는 부정적인 생각을 관찰하고 그 내용과 자신을 동일시하지 않도록 한다. 가령 "이것은 단지 생각일 뿐이야", "나는 지금 우울한 기분을 느끼고 있어"라고 인식한다. 이러한 알아차림은 자기 자신의 생각이나 감정에 치우치지 않게 돕는다.

마음속 내용을 객관화시켜 떼어놓고 보는 것은 중요하다. 그래야 특정한 생각이나 감정에 동요하지도, 휩쓸리지도 않은 채 지낼 수 있다. 이는 마치 숲 밖에서 숲 전체를 바라보는 것과도 같다. 자기 비난의 내용에 지배받게 되면 자신에 대한 그릇된 오해가 생기거나 삶에 대한 두려움이 커져서 앞으로 나아갈 힘을 잃는다.

마음이 괴로울 때는 잠시 멈춰 서서 내 안을 꽉 채우는 생각을 가만히 바라본다. 지금 어떠한 생각이 마음을 어지럽히는지 그저 지켜본다. 생각 밖으로 나와서 생각을 보면 자신과 그 내용이 뒤엉키지 않는다. 특히 알아차림 연습을 하면 자기 비난의 패턴과 인지 왜곡을 더 잘 이해할 수 있다. 이는 자기 자신의 생각과 감정에 대한 인식의 변화뿐만 아니라 특정한 생각에서 빠져나올 수 있게 도와준다. 이를 통해 피해자는 상황을 다양한 관점에서 바라보고 여러 가능성을 고려할 수 있는 유연한 사고방식을 얻게 된다.

부정적인 생각 뒤집기_내겐 날 도와주는 친구들이 있어

과잉 일반화Overgeneralization는 어떤 특정한 경험을 전체로 확대해서 생각하는 것을 말한다. 예를 들어 "나는 항상 나쁜 선택

생각 알아차림

❖ 편안히 앉아 들숨과 날숨으로 호흡하며 긴장을 내려놓는다.

❖ 몇 차례 들숨을 들이쉬고 천천히 내쉬어본다.

❖ 이때 마음속으로 '이완'이라고 말해주어도 좋다.

❖ 눈을 감고 지금 내 마음에 일어나는 생각을 가만히 관찰해본다.

❖ 자신 안에서 일어나는 마음의 소리를 알아차려본다.

❖ 그 생각의 내용을 알아차리면서 있는 그대로 인식한다.

"지금 이러한 생각이 일어나는구나", "내 마음에 여러 생각이 지나가는구

나"라고 관찰한다.

❖ 어떠한 생각이 일어날 때 감정이 함께 떠오를 수 있다.

그 또한 알아차린다.

"지금 우울한 기분이 있구나", "지금 내게 슬픈 감정이 지나가는구나"라

고 있는 그대로 알아차린다.

❖ 잠시 동안 반복해서 알아차림 연습을 한다.

❖ 마치면 천천히 들숨과 날숨으로 호흡한 후 이완한다.

생각 내려놓기

❖ 조용하고 편안한 장소에 앉아서 가만히 눈을 감고 몸의 긴장을 내려놓는
다. 가볍게 호흡하며 들숨과 날숨을 몇 차례 한다.

❖ 마음의 눈으로 유유히 흘러가는 시냇물을 바라보는 모습을 상상한다. 흐
르는 시냇물을 떠올려본다. 그 상상 속에 조용히 머무른다.

❖ 앉아 있는 동안 떠오르는 생각이 있다면 거기에 주의를 기울인다. 마음속
에 떠오르는 생각을 알아차린다.

❖ 이제, 알아차린 생각을 시냇물 위에 떠 있는 큰 나뭇잎 위에 살며시 올려
놓는다.

❖ 어떤 생각이 다시 찾아올 때마다 그것을 나뭇잎 위에 올려놓고, 그 나뭇
잎이 시냇물을 따라 떠내려가는 모습을 관찰해본다.

❖ 어떤 심상이 찾아오면 그것도 나뭇잎에 실어서 흘러가게 한다.

❖ 생각은 끊임없이 찾아온다. 그 생각을 알아차린 후에는 흐르는 시냇물 위
의 나뭇잎에 두고 흘러가도록 내버려둔다.

❖ 걱정, 근심, 화, 원망과 같은 여러 생각을 그냥 지나가게 내버려둔다. 이
생각이 마음속에 일어날 때마다 지나가는 구름, 시냇물, 파도 등을 시각
화한 후 마음속 내용을 흘려보낸다.

❖ 계속해서 여러 번 반복해본다.

만 해" 또는 "모든 사람이 나한테 상처를 주려고 해", "모든 게 항상 잘못되는 거 같아"와 같은 생각을 말한다. 이러한 과잉 일반화가 일어나면 다른 사람이나 세상에 전반적으로 불신이나 대인 기피, 두려움이 커진다. 데이트 폭력 피해를 당하면 자신과 타인, 세상을 부정적으로 보는 생각이 확대되고 이는 새로운 경험 회피로 이어질 수 있다. 즉, 생각이 경험 회피를 초래한다.

새로운 경험은 기존의 관점을 변화시키는 데 중요하다. 그런데 생각이 이를 억제하는 덫으로 작용하기에 기존의 생각이 더욱 견고해진다. 자기 자신의 생각이 결국 일상의 제한을 만든다. 이러한 과잉 일반화로 인지 왜곡은 삶의 적응을 낮추는 방해 인자가 된다.

과잉 확장된 사고에 대처하려면 과잉 일반화된 부정적인 생각과는 다른 그 반대의 경우를 찾아 합리적인 생각으로 수정해야 한다. 자기 자신의 생각을 반증하는 실제적인 정보로 인지 왜곡에서 벗어나야 한다. 만일 "모든 사람이 나한테 상처를 주려고 해"라는 생각이 들면 "내겐 날 도와주는 친구들이 있어"라는 합리적 근거를 토대로 부정적인 생각을 객관적으로 수정한다. 이를 '합리적 논박'이라고 하는데 자기 자신의 왜곡된 생각에 도전한 후, 더 건강하고 현실적인 생각으로 바꾸는 과정이다.

또 다른 대처법으로는 피해 상황 속에서 자신을 돕는 사람들과의 관계나 도움이 되는 상황을 떠올리며 긍정적인 의미화를 한다. 이는 마음의 균형을 유지하는 데 도움이 되고 모든 상황을 온통 고통스럽게만 바라보는 마음의 틀에서 벗어나게 해준다.

현재 많은 일에 둘러싸여 있다고 하더라도 끊임없이 부정적인 메시지를 반복한다면 생각 속에서 화내고 절망하는 일이 일상이 될 수 있다. 따라서 한동안은 과거나 미래의 일보다 현재의 순간에 집중하며 자신이 평소 해보고 싶던 활동을 하거나 편안하게 느끼는 주변 사람들을 만나면서 일상을 회복해가자.

가치 찾기_내가 만들 미래는 어둡지 않아

재앙화 Catastrophizing 는 앞으로 일어날 사건에 대해 최악의 시나리오를 상상하며 과도하게 걱정하는 것이다. 재앙화의 인지 왜곡에 빠지면 어떤 일의 결론을 늘 부정적으로 평가하게 된다. 그러다 보니 항시 걱정과 불안이 떠나지 않는다.

재앙화로 일어나는 인지 왜곡은 극적인 생각의 내용을 담고 있어서 미래에 관한 희망감이나 동기가 저하되고 절망감과 우울감, 불안과 같은 감정을 유발할 수 있다. 이때 자주 나타나는 생각은 "모든 게 잘못될 거야", "난 앞으로도 실패할 거야", "앞으로 누굴 만나도 잘해내지 못할 거야", "결혼을 해도 잘 살지 못할 거야" 등으로 미래의 사건을 부정적인 내용으로 꽉 채운다.

의미 발견하기

❖ 지금 겪고 있는 힘겨운 상황은 무엇인가? 또는 과거에 일어난 힘겨운 상황은 무엇인가?

_____

❖ 힘겨운 상황에서 미처 알아차리지 못한 새로운 의미를 발견해본다. 주변의 배려, 가족의 사랑, 삶의 통찰, 자기 존재감, 인생의 지혜 등 위기 속에 숨겨진 소중한 가치를 찾아본다.

_____

_____

_____

❖ 소중한 가치를 지켜나가기 위해 어떻게 생각하고 느끼고 행동하면 좋을지 생각해본다.

내가 의미 있게 느끼는 것은 _____

의미 있는 것을 지키려면 _____

이러한 인지 왜곡에 대처하려면 먼저 자신이 예상하는 최악의 결과를 적어본다. 그런 다음 그 결과가 일어날 확률과 실제로 일어났을 때 어떻게 대처하면 좋을지 적는다. 막연하게 미래를 캄캄한 터널에 갇힌 듯이 여기기보다는 자신의 걱정을 잘 알아차리고 걱정을 해결할 대안적 생각으로 대처해나간다. 미래를 파국적으로 예측하다 보면 두려움과 불안만 증폭된다. 재앙화로 생긴 생각의 내용을 모두 믿는다면 자신이 인지 왜곡 속에 있다는 사실을 인식하고 자신이 만든 이야기 속에서 빠져나온다.

다른 대처 방법으로는 '가치 찾기' 연습이 있다. 미래의 일을 부정적으로 생각하는 마음이 클수록 생각이 이끄는 대로 행동한다. 이때 자신이 나아갈 방향을 명료하게 해두면 행동을 선택하는 데도 도움이 되고 삶의 의미나 보람도 얻을 수 있다. 깊은 실망감과 좌절감을 느낄 때, 가치는 자신의 길을 나아가게 하며 두려움과 불안의 장벽을 낮춰주는 역할을 한다. 이는 마치 바다를 항해하는 길에 풍랑을 만나 항로를 이탈했을 때 길잡이가 되는 북극성이나 등대와 같다.

가치를 만들기 위해서는 몇 가지 영역별로 탐색해보면 좋다. 피해자들은 보통 미래의 관계나 일을 파국적으로 바라보는 경우가 많다. 연인 관계나 결혼이 파국으로 끝날 거라든가, 일을 제대로 할 수 없을 거라는 걱정이 든다면 그 주제의 가치를 탐색해본다. 앞으로 나아갈 삶의 가치를 찾을 수 있도록 자신에게 가치에 대한 질문을 던져봐도 좋다. 그리고 앞으로 행동을 어떻게 하면 좋을지 찬찬히 생각해본다. 이를 미래뿐만 아니라 현재의 삶에도 적용해본다.

다음은 가치 찾기 연습의 질문 예시다.

❖ 나는 연인 관계에서 어떻게 지내고 싶은가?
❖ 나는 미래의 가족들과 어떻게 지내고 싶은가?
❖ 나는 어떤 사람이 되고 싶은가?
❖ 이 직업은 내게 어떤 의미가 있는가?

재앙화의 인지 왜곡은 불안한 감정에서 비롯되는 경우가 많다. 불안이 커지면 앞으로 펼쳐질 일에 대한 극적인 생각이 쏟아지기 쉽다. 그렇기에 현재 자신이 느끼는 불안을 좀 더 능동적으로 수용하고 자기를 격려하며 인지 왜곡에 대처해나가야 한다.

자신의 감정을 가장 잘 이해할 수 있는 사람은 온전히 자신이다. 자신을 향한 수용을 자기 안에서 철회하면 불안한 감정이 만든 미래에 대한 부정적인 감정만 켜켜이 쌓인다. 하나의 감정에 다른 감정이 더해지면 압도되기 쉽고 벗어나는 데도 오래 걸린다. 재앙적인 생각이 일어날 때 이내 자기 격려로 전환하여 자신과 건강한 멘토링을 만들어가야 한다. 위기 속에서도 자신을 도울 수 있을 때 자기 존엄을 지킬 수 있다.

자기 격려로 대처하기

자기 격려는 고통스러운 경험을 견딜 수 있도록 도와주는 힘과 동기를 준다.
자기 격려 문장을 여러 번 반복하면서 자기 조력을 한다.

❖ "이 상황이 영원히 지속되지는 않아."
❖ "난 여러 고통스러운 경험을 해봤고 그 고통을 극복했어."
❖ "이 또한 지나갈 거야."
❖ "지금 이 감정이 나를 불편하게 하지만 나는 이걸 수용할 수 있어."
❖ "불안하지만 난 여전히 이 상황을 해결할 수 있어."
❖ "난 지금 나에게 일어나고 있는 일을 해결할 수 있을 만큼 충분히 강해."
❖ "난 충분히 견뎌낼 수 있고 난 영향받지 않아."
❖ "난 이전에 비슷한 상황을 극복했고 이번에도 극복할 거야."
❖ "이것은 내 생각일 뿐이고 결국에는 모두 지나갈 거야."
❖ "때때로 슬픔, 불안, 두려움을 느껴도 괜찮아."
❖ "내가 원한다면 다른 감정을 느낄 수 있어."
❖ "지금 내 상황은 위험한 게 아니야."
❖ "지금 이 상황을 직면하자. 그리고 대처해나가자."

흑백 논리 부수기_사람이든 상황이든 있는 그대로

흑백 논리Black-and-white thinking는 모든 것을 '전부 좋다'거나 '전부 나쁘다'로 보는 경향을 말한다. 흑백 논리에 빠지면 양극 단의 생각으로 상황을 해석해서 다양한 관점이나 대안적인 해결책을 마련하기 어렵다. 이러한 인지 왜곡이 일어나면 자신이나 다른 사람들, 상황을 과도하게 긍정하거나 부정할 수 있다. 특히 감정적으로 불안정할 때는 생각이 부정적으로 흘러가기 쉽고 극 단적인 평가 때문에 더 큰 심리적 고립이 일어날 수 있다. 특히 피해자는 주변 사람들을 흑백 논리로 볼 수 있어 주의가 필요하다. 가령 "날 이해하지 못하는구나. 이젠 내가 싫어졌나 보다"라고 생각하며 '이해받지 못하는 것은 싫어하는 것'과 다를 바 없다고 판단한다.

흑백 논리 때문에 인지 왜곡에 빠지면 주변 사람들과 갈등 상황이 점차 커질 수 있다. 가까운 친구의 태도를 평가하여 '완 벽하게 이해하는 사람'과 '전혀 이해하지 못하는 사람'으로만 나 눠서 볼 수 있고, 친구 관계에도 문제가 생길 수밖에 없다. 친구 가 자신의 상황을 충분히 이해하지 못한다고 생각하면 그 친구 를 부정적으로 평가하며 극단적으로 분류한다. 가족 사이에서도 마찬가지다. 가족 구성원이 피해자를 지원하려 할 때, 도움이나 조언이 자신의 기대에 못 미치면 가족 구성원을 원망하거나 거리를 두거나 차단한 채 지내기도 한다.

이렇게 되지 않으려면 자기 자신의 보호 체계를 유지할 수 있도록 부정적인 생각의 영향을 잘 살펴봐야 한다. 양극화된 사고방식은 다른 사람들과 건강한 관계를 유지하지 못하도록 방해한다. 따라서 중립적인 시각과 융통성 있는 접근 방식을 배우는 것이 중요하다.

흑백 논리에서 벗어나려면 상황을 있는 그대로 봐야 한다. 일어난 사실을 중심으로 생각하는 연습은 어떤 일을 지나치게 확대하거나 축소해서 보지 않도록 돕는다. 이를 위해서는 일어난 사실과 주관적 평가를 서로 구분 지어서 볼 수 있어야 한다. 자신에게 일어난 일을 기록해보고 그 내용 중에서 주관적인 평가가 포함된 부분을 떼어놓고 사실 중심으로만 보는 연습을 한다.

우리는 흔히 객관적인 사실에 주관적인 평가를 더한 후 이를 전체적인 사실로 받아들이는 경향이 있다. 이를 통제하려면 주관적인 판단이 얼마나 감정이나 행동에 영향을 미치는지 잘 살펴야 한다. 그래야 생각의 위력을 약화시킬 수 있고 자신을 괴롭히는 내용을 객관적으로 이해할 수 있다.

판단하는 마음 내려놓기

❖ 최근 일어난 스트레스 상황을 떠올려본다. 그리고 그 상황에서 일어난 일을 생각나는 대로 기록한다.

스트레스 상황 _____

_____

❖ 이제 기록한 내용을 다시 살펴본 후 주관적인 판단에 해당하는 내용을 제외한다. 그런 후에 객관적인 사실을 중심으로 상황을 다시 본다.

객관적인 사실 _____

_____

트라우마가 남긴 몸과 마음의 상처 치유하기

잦은 기분 변화와 정서적 각성

"(사소한 말에도 짜증을 내며) 왜 그렇게 말하시는 거예요? 무슨 근거로 그렇게 얘기하는 거죠?"

"요즘 별일 아닌 일에도 자주 가족과 말다툼하고 사소한 시비가 자주 일어나요."

"친한 친구에게 화를 심하게 내서 관계가 단절됐어요. 그 이후 너무 예민해져 있는 것 같아요."

"요즘은 감정을 조절하기가 너무 힘들어요. 기분 변화가 너무 심해요."

복합 외상 후 스트레스 장애는 감정적으로 압도당하는 느낌인 '감정의 홍수 상태'가 주된 특징이다. 실제로 뇌의 정서적 중심부가 활성화되어 이성적인 사고 과정과 의사 결정을 담당하는 뇌 활동 부분이 줄어든다. 그 결과 객관적으로 판단한 후 선택하기보다는 충동적으로 행동하는 경향이 나타난다. 또한 반복적인 정신적 외상은 전두엽의 활동을 지나치게 위축시키고 그 결과 정서 반응을 억제하는 능력이 약화된다.

특히 폭력의 피해가 장기간 지속되면 강력한 경험이 만들어 낸 심리적 변화로 뇌의 기능적 측면에 '점화 효과'가 일어난다. 그 영향으로 정서적 각성이 지속되고 높은 수준의 각성 상태가 유지된다. 뇌가 자극에 민감해져서 잠재적인 위협 자극에 주의 력이 증가하고 자극에 몰두하게 만든다. 결국 뇌의 이런 상태 때문에 급격한 기분 변화를 자주 겪고 정서적인 불안정한 상태 속에 지내게 된다.

정서적 각성이 발생하면 정서적 고통의 역치가 점차 감소하여 이후에는 더 작은 자극에도 같은 강도로 활성화된다. 지속적인 활성화는 악순환되어 급성의 기분 상태를 유발할 수 있다. 이러한 감정적 변화는 외부의 촉발 요인이 없어도 나타날 수 있어서 자신의 정서적 각성을 탐색하는 데 실패할 수 있고, 결국 자기 통제감을 낮추는 요인이 된다. 정서적인 불안정이 지속되면 환경의 영향을 더 많이 받을 수 있다. 그러다 보니 타인의 반응에 민감해지고 상황에 휩쓸리기 쉽다.

정서적 각성이 커지면 기분-의존적인 행동이 나타날 수 있어 자신의 목표나 목적보다는 정서에 기반한 행동이 잦아진다. 따라서 정서적 각성을 감소시킬 수 있는 효과적인 개입이 필요하고, 도움이 되는 방법을 통해 수시로 일어나는 감정을 조절하는 능력을 키워야 한다. 외상으로 나타나는 증상은 다양하지만 이를 극복하기 위해 어떻게 노력하느냐에 따라서 변화와 성장은 개인마다 다르다. 인생의 역경 속에서 자신을 도울 수 있는 사람이 자신이 될 때 상처의 치유도 삶의 회복도 빠르게 일어난다는 사실을 잊지 말자.

신체적 증상과 억압된 감정

"가슴이 답답하고 호흡이 잘 안 돼요."
"자주 잠이 안 오고 자다가도 수시로 깨요."
"두통이 계속되는데 약을 먹어도 소용이 없어요."
"얼굴에 생긴 마비 증상으로 일하기도 힘들고 대화도 어려워요."

스트레스 상황에 자주 놓이면 정서적으로 소진되고 무기력한 상태가 된다. 이때 스트레스 대응 전략으로 감정을 억압하며 참아내는 경우가 있다. 감정 억압이 빈번해지면 미해결된 감정이 신체로 발현되는 심인성psychogenesis 증상을 겪을 수 있다. 감정을 오래도록 억누르다 보니 누적된 스트레스가 신체를 통해 발현되는 것이다. 이때는 두통이 생기거나 소화 기능이 약해지거나 불면증과 만성 피로감 등 몸의 여러 곳에서 다양한 신체 증상이 나타난다.

심인성이란 신체 증상의 원인이 심리적 문제에 있다는 뜻으로, 신체는 감정의 통로와 같다. 신체와 감정은 서로에게 반응하면서 끊임없이 상호 작용한다. 몸이 느끼는 긴장이나 통증, 그 밖의 여러 감각은 단순한 생물학적 반응 이상의 의미를 지닌다. 이는 처리하지 못한 감정이 누적되어 있다는 신호 단서가 될 수 있다. 따라서 신체 감각이나 반응을 살펴보면 감정을 이해하는 데 도움이 된다. 다만 몸에 깃든 억압된 감정은 쉽게 인식하지 못할 수 있다. 특히 외상 사건을 겪은 후에는 주변에 이를 알리지 않은 채 혼자 감내하는 경우가 많다. 그러다 보니 표현하지 못한 감정이 시간의 경과 속에서 여러 신체 증상으로 나타나곤 한다.

나아가 평소 감정을 억누르거나 회피하는 성격이라면 내면의 감정보다는 드러나는 신체 반응에 초점을 둬서 감정 관리에 소홀해질 수 있다. 심인성 증상을 다루려면 몸의 감각에 주의를 기울이고 증상이 나타날 때마다 긴장 이완과 함께 정서적 이완을 병행한다. 몸의 감각을 지속해서 자각하다 보면 기저하는 감정이나 욕구를 관찰할 수 있다.

몸의 감각 반응을 이해하는 것은 감정을 돌보는 좋은 경로가 된다. 어떠한 스트레스 상황에서 신체 반응이 일어나는지 살펴보는 것도 몰랐던 감정을 알아채는 데 유용하다. 특정 상황과 신체 감각의 유관성을 알아차리면 지금의 감정을 더 명료하게 포착할 수 있다. 따라서 수시로 몸을 관찰하며 어깨의 긴장, 경직된 자세, 몸의 압력, 통증 등을 살펴본다. 신체 트래킹을 습관화하면 스트레스로 나타나는 반응을 즉각적으로 다룰 수 있고 감정에 대한 자각도 증진된다.

몸의 감각을 알아차리는 방법에는 '바디 스캔Body Scan'이 있다. 바디 스캔은 몸과 마음에 대한 자각을 일깨우는 마음 챙김 명상법이다. 바디 스캔 훈련은 세세한 알아차림으로 신체의 각 부분에 주의를 집중하며 몸의 느낌과 감각을 자각하는 것으로 시작한다. 신체를 자각하면 감정도 잘 다룰 수 있다. 습관적인 감정 억제가 만성화되면 여러 복합적인 신체 증상을 초래한다. 따라서 의도적인 감각 알아차림을 통해 감정을 헤아리고 수시로 긴장을 완화하도록 한다.

해리 증상과 기억 손상

해리dissociation란 자신과 주위 환경, 시간에 대한 연속적인 의식이 단절되는 현상을 말한다. 해리 증상이 나타나면 의식, 기억, 행동 및 자기 정체감의 통합적 기능에 갑작스러운 이상이 나

바디 스캔 마음 챙김

❖ 바닥에 등을 대고 편안하게 눕거나 자리에 앉아 눈을 감고 편한 자세를
   취한다.

❖ 잠시 호흡의 느낌과 신체 감각을 그대로 느껴본다. 호흡하는 동안 자연스
   럽게 몸에서 느껴지는 신체 감각을 관찰한다.

❖ 잠시 후, 주의를 오른쪽 발에 두고 발바닥, 발등, 발목의 감각을 알아차린
   다. 이어서 종아리, 무릎, 허벅지 등으로 옮기며 몸을 관찰한다. 반대편도
   같은 방식으로 살펴본다.

❖ 각각의 신체 부위에 주의를 기울이며 매 순간 느껴지는 몸의 느낌이나 감
   각을 알아차린다. 이때 특정한 감각을 찾고자 애쓰지 않는다. 단지 느껴
   지는 대로 알아차린다. 내적 경험을 알아차리며 욕구와 감정, 느낌이나
   감각 등에 주의를 기울인다.

❖ 바디 스캔을 마친 후에는 몸을 전체적으로 자각하며 편히 쉰다.

타난다. 외상 반응으로 생긴 기억과 감정, 신체 감각에서 자아를 보호하려는 증상이지만 정상적인 기능을 억제하기 때문에 치료가 필요하다.

해리 현상이 경증일 때는 안개가 낀 듯이 모호하거나 흐릿함을 느낀다. 또는 산만하거나 주의 집중에 어려움을 느낄 수 있고 무감각하거나 단절감을 경험할 수 있다. 해리 증상이 더 심할 때는 외상 사건의 중요한 측면에 대한 기억 상실이나 통제 불가능, 이인증과 비현실감 같은 증상이 지속해서 나타나기도 한다. 해리 증상은 외상 경험을 떠올리게 하는 모든 자극을 회피하고 기억을 억제하는 형태로 나타나는데, 외상으로 생긴 정신적 고통을 잊으려는 방어 기제 때문이다. 해리 증상 중 가장 흔한 증상이 이인증과 비현실감, 기억의 손상이다.

이인증과 비현실감

자신이 느끼는 일상의 경험이 평소와 달리 매우 낯설게 지각되거나 이전과는 다르게 느껴지는 증상은 해리 현상의 특징이다. 지각 경험이 평소와 전혀 달라서 이런 증상이 나타나면 상당히 당혹스러워한다.

이인증depersonalization은 자신이 마치 외부 관찰자가 된 듯 느끼는데, 자신의 생각과 감정, 감각이나 행동이 낯설어 불쾌감을 경험하기도 한다. 비현실감derealization은 주변 환경을 비현실적으로 지각한다. 이인증과 비현실감은 자신과 세상의 지각적 통합이 실패했다는 사실을 보여준다.

"내 몸의 감각이 낯설고 모든 게 혼란스러워요. 지금도 제가 무슨 말을 하고 있는지 잘 모르겠어요."

"요즘 감정이 잘 느껴지지 않아요. 감정이 무뎌져서 제가 이상한 사람이 된 것 같아요."

이러한 증상을 다루려면 해리 현상을 파국적으로 해석하지 않도록 주의하고, 자기 관찰 기록지를 통해 증상이 나타나는 사회적 상황을 파악하여 불안과 회피 행동을 줄여야 한다. 그리고 과도하게 증상에 초점을 두는 주의 경향을 변화시키도록 한다. 대개는 약물 치료와 함께 인지 행동 치료를 병행하면 효과적으로 증상을 개선할 수 있다.

기억의 손상

해리 증상은 대부분 커다란 스트레스 사건이 계기가 되어 나타난다. 충격적인 사건이나 내면적 고통을 경험하면 일시적이든 지속적이든 관련 정보나 단서, 이미지에 대한 기억이 손상되는 경우가 있다.

"사건과 관련된 내용이 잘 떠오르지 않아요."

"기억이 단편적으로 끊어진 채 떠올라요."

"어떤 상황이 먼저 일어났는지 정확히 잘 기억나지 않아요."

"요즘은 어떤 일을 하는 데 집중이 하나도 안 돼요. 간단한 과제도 잘 끝내지 못하겠어요."

이러한 기억 결손은 스트레스를 주는 사건에서 자신을 보호하는 방어 기제로 작용한다. 사건 당시의 경험이 고통스럽거나 예상 밖이어서 감당하기 어려운 상황일 때 나타난다. 손상된 기억은 심리적 고통을 일으키는 정보이거나 충격적인 사건의 내용인 경우가 많다. 이러한 기억 손상은 갑작스럽게 시작되어 지속되다가 갑자기 회복하는 특징을 보인다.

일상적 스트레스 상황에서도 기억 착오가 일어나는데 해리 반응으로 나타나는 기억 손상은 그 정도가 심하다. 해리성 기억 손상은 불안이나 공포를 일으키는 심리적 내용을 방어하고 억압하여 의식화되지 못하도록 막는다. 사라진 기억은 일상적인 상황에서는 기억하지 못하지만 외상 상황과 유사한 상황에서 각성이나 정서 반응이 일어나면 부분적인 내용이 의식에 침투하여 기억이 떠오를 수도 있다.

이러한 기억 손상은 뇌 손상이나 뇌 기능 장애가 아니라 강한 사건 충격으로 발생하기 때문에 서로 구별된다. 기억 손상의 정도와 심각성에 따라 해리성 기억 상실증으로 진단받을 수도 있으며 이 경우 체계적인 외상 기반 치료가 필요하다.

침습적인 증상과 외상 반복

"요즘 악몽 때문에 잠을 못 자요. 꿈에서도 계속 그 일이 일어나요."

"갑자기 그때 일이 떠올라요. 아무리 잊으려고 해도 잘 안 돼요."

"길을 가다가 비슷한 사람을 봤어요. 순간 머릿속이 멍해지고 그대로 몸이 얼어붙어 움직일 수가 없었어요."

플래시백이나 악몽과 같은 침습 증상은 대표적인 외상 증상 중 하나로, 인지적으로 처리하지 못한 외상 정보가 활성화되어 의식에 침투하여 나타난다. 이 증상이 나타나면 생생하게 외상 사건을 재경험하게 되는데 그 과정에서 심리적 동요와 정신적 고통이 가중된다. 침습 증상을 통해 외상 사건과 관련된 기억이나 감정이 반복해서 의식에 침투하여 나타나는데, 마치 그 사건이 실제로 발생하는 듯이 느낀다.

다음은 외상 사건과 관련된 침습 증상이다.

❖ 고통스러운 외상 기억이 반복해서 활성화된다.

❖ 외상 사건과 관련된 고통스러운 꿈을 반복해서 꾼다.

❖ 외상 사건이 실제로 일어난 듯한 플래시백 현상을 경험한다.

❖ 외상 단서에 노출될 때마다 강렬한 정서적 반응이 나타난다.

❖ 외상 단서에 노출될 때마다 심각한 생리적 반응이 나타난다.

복합 외상과 같은 관계성 폭력에 노출되면 불안, 공격성, 초조함과 같은 감정적 특징이 있는 과각성 증상을 많이 경험한다. 이러한 과각성 증상 때문에 종종 침범당하는 기분을 느낄 수 있고 감정적으로 압도당할 수 있으며 통제할 수 없는 무기력을 경험하기도 한다. 또한 외상 사건의 재경험을 반복하면서 자신을 안전하게 지키기 위해 환경에 매우 민감하게 반응하거나 과도하게 경계하는데 이는 오히려 일상의 적응을 방해하는 악순환이 된다.

외상 경험과 대인 관계

"가까운 사람들과 만나는 것도 꺼려지고 함께 있어도 자주 긴장돼요."

"앞으로는 누구도 믿을 수 없을 것 같아요. 사람들이 두려워요."

"사소한 소리에도 놀라고 누가 쳐다보기만 해도 덜컥 겁이 나요."

"혹시나 보복당하는 건 아닌지 너무 두려워요. 다른 사람들도 다 피하게 돼요."

외상 경험을 한 후에는 인지와 정서에 부정적인 변화가 일어난다. 자신이나 타인 및 세상에 대한 인식과 태도에 변화가 일어나는데, 특히 대인 관계에서 다른 사람의 말과 행동에 민감해지거나 피해 의식으로 생긴 두려움 때문에 대인 관계를 피하거나 단절한다. 관계에서 시작된 외상 사건은 관계에 대한 공포와 분노, 적개심과 같은 강렬한 감정으로 드러나기도 하지만 다른 사람에게서 소외감이나 거리감을 느끼며 위축되기도 한다.

특히 데이트 폭력은 친밀한 관계에서 일어난 외상 사건이라서 피해자는 대인 관계 전반에 불신과 의심이 커지고 배신감과 회의, 깊은 절망감 속에 놓인다. 이는 새로운 관계를 맺거나 의미 있는 도전을 하는 데 제한 요인으로 작용하여 대인 관계나 사회적 상황에서 경험 회피를 초래한다. 나아가 위기 상황에서 느끼는 사회적 고립감은 극단적으로 흘러 자살 생각이나 자살 계획과 같은 생존과 관련된 위험성을 키울 수 있어서 주변의 지속적인 관심과 돌봄이 필요하다.

회복 탄력성 기우기

　정신적 외상에서 벗어나 일상의 회복을 돕는 과정에는 변화와 극복을 위한 힘이 필요하다. 내재된 자원이 어떠한가에 따라 누군가는 빠르게 문제를 직면해 헤쳐나가지만 다른 누군가는 회복까지 더디게 걸린다. 이처럼 고통에 대한 회복력의 차이를 만드는 힘과 자원을 일컬어 회복 탄력성이라고 한다. 회복 탄력성이 있으면 역경에 맞설 수 있고 장애물을 극복해나가는 데 필요한 의지와 힘을 얻을 수 있다. 그래야 자신을 억누르는 상황을 감당할 수 있고 마음과 정신을 강하게 만들어 원하는 삶을 향해 도전해나갈 수 있다. 외상 후 성장이란 역경을 통해 한 단계 더 성장하고 발전해나가는 과정을 말한다.

　회복 탄력성을 계발하려면 성장을 돕는 여러 자원이 필요한데 특히 긍정성, 심리적 유연성, 끈기, 자기 돌봄, 자기 조절, 대인 관계의 유연성이 필요하다. 이러한 대표 자원이 내 안에서 힘을 발휘할 때 당면한 상황에서 회복력이 높아진다. 단, 모든 자원을 한 번에 계발하려 애쓰기보다는 현재 상황에서 가장 필요한 자원에 중점을 두고 노력해나가야 한다. 자기 계발은 목적이라기보다는 방향으로서 꾸준히 해나가는 것이 중요하다.

회복 탄력성의 내적 자원

긍정성

긍정성은 심리적 안정과 낙관성에 영향을 주는 중요한 요인이다. 특정한 상황이나 문제 속에서도 의미를 발견하고 자신에게 도움이 되는 성장의 동력으로 전환시키며, 미래의 일은 노력이나 행동으로 개선할 수 있다고 여긴다.

심리적 유연성

심리적 유연성을 키우려면 상황을 다양한 관점으로 보는 사고의 유연성과 다른 사람의 말과 행동을 수용하는 마음이 필요하다. 자신만의 규칙이나 요구에 따르다 보면 정형화된 틀에서 벗어나기 어렵고 심리적으로 경직된다.

끈기

끈기는 여러 가지 난관과 좌절에도 목표를 향한 행동을 자발적으로 지속하는 능력이다. 시작한 일을 마무리하여 완성하는 능력으로, 장애물에도 일련의 계획된 행동을 해나가면서 과제를 완수하는 인내 또는 근면성을 보여준다.

자기 돌봄

회복 탄력성의 중요한 요소로 자신의 몸과 마음을 잘 헤아리고 보살피는 행동이다. 평소 자기 돌봄이 부족하면 심신의 상태를 간과하기 쉽고 스트레스 상황에 적절히 개입하기도 어렵다. 자기 돌봄을 위해서는 무엇이 자신에게 위안이 되고 자양분이 되는지, 자기 돌봄을 위해 줄여야 할 행동은 무엇인지, 자신이 좋아하는 사소한 것에는 무엇이 있는지 살펴보고 이러한 활동을 늘릴 구체적인 계획을 세워 실천한다.

자기 조절

자기 조절 능력은 어떤 일을 해나갈 수 있다는 자기 확신과 자기 효능감에 영향을 준다. 다만 이러한 능력을 키우려면 자기 조절에 방해되는 요인이 무엇인지 잘 살펴야 한다. 특히 감정은 가장 중요한 요인인데, 감정적인 상태에 빠지면 충동적으로 행동하기 쉽고 잦은 기분 변화 때문에 원하는 목표를 성취하는 데 어려움이 생긴다. 따라서 평소 감정이 촉발되는 상황이 무엇인지를 살피고, 효율적으로 대응하기 위해 어떻게 말하고 행동할지를 계획해본다.

대인 관계의 유연성

대인 관계에서 느끼는 유대감은 삶의 질과 심리적 안정에 도움이 된다. 특히 관계 속에서 신뢰를 쌓고 의미 있는 경험을 늘려가는 것은 행복 수준에 영향을 미친다. 대인 관계에서 유연성을 높이고 유대감을 끌어올리려면 관계 가치를 세우고 주변의 가까운 사람들과 소통을 늘리며, 다른 사람의 좋은 면을 발견하고 여러 경험에 열려 있어야 한다.

네 잘못이 아니야

데이트 폭력 속 관계 심리의 모든 것

1판 1쇄 발행   2024년 4월 22일

지은이   김도연
펴낸곳   (주)문예출판사
펴낸이   전준배

기획 · 편집   백수미 이효미 박해민
본문 디자인   최혜진
영업 · 마케팅   하지승
경영관리   강단아 김영순

출판등록   2004.02.11. 제 2013 – 000357호 (1966.12.2. 제 1 – 134호)
주소   04001 서울시 마포구 월드컵북로 21
전화   393 – 5681
팩스   393 – 5685
홈페이지   www.moonye.com
블로그   blog.naver.com/imoonye
페이스북   www.facebook.com/moonyepublishing
이메일   info@moonye.com
ISBN   978-89-310-2354-1 03180

잘못 만든 책은 구입하신 서점에서 바꿔드립니다.

문예출판사® 상표등록 제 40 – 0833187호, 제 41 – 0200044호